NATURKUNDEN

启
蛰

探索未知的世界

roy de Franc

EAN SEIGNEVR DE CREQVI.

Bruges 1429

322

Le Roy De Dologne

MESSIRE GUY DE
PONTAILIER SEIG DE
Talmer ADijon 1433

Mess Guy Pontailler 156

324

PHILIPPE DE TERVANT SEIG
dud Lieu et de la Mothe
A Bruges 1429

321

Le Comte de CHAROLOIS · 1433

thi

294

纹章的秘密

[法] 米歇尔·帕斯图罗 著

谢军瑞 译 曹德明 校

北京出版集团
北京出版社

黑底无图案纹章。

红底，上缀对角斜向的大锯齿形图案。

绿底，大锯齿形分割线，上部为白底黑斑毛皮纹。

蓝底，上缀舌部为红色的金狮图案。

白底，上、下均为方形齿状的蓝色横条，上缀三个黑色环形图案。

红色圆齿形十字分隔条纹，蓝、白色毛皮纹底，四个小角各缀有一个金色海豚图案。

绿色人字形条纹、金、红色毛皮纹底，上部为蓝色，上缀两个金色无爪小鸟图案，其中一个饰有白底黑斑毛皮纹的中间为挖空菱形图案。

黄底，紫色X形条纹四等分，四个分区内各缀有一个蓝色五叶形花饰，中心叠压一个较小的纹章，其图案为红、白色交错的三条自左上至右下的斜条纹，在这个较小纹章上还叠压一个小纹章，其图案为缀有绿色圆形的白底黑斑毛皮纹。

——米歇尔·帕斯图罗
《假想纹章图案汇编》，1996年

目　录

纹章学是以纹章为研究对象的学科。纹章是一种按照特定规则构成的彩色标志，专属于某个个人、家族或团体的识别物。这些规则使欧洲中古时代的纹章体系区别于其他任何标志体系。

第一章
纹章的历史

最初的纹章诞生于战场和骑士比武场，目的是便于从远处识别。为此，它们大多采用对比度强烈的纯色、以及十分明显的单线条勾勒图案。它们还表明使用者的身份（左图为骑士诗人哈特曼·冯·奥的纹章）。

人人有权使用纹章

　　纹章学依然是一门不被人知晓的学科，被认为是秘传的东西，尤其在法国，纹章学有时并不被大众所接受。产生类似情况有多方面的原因，其中最重要的原因可能在于人们常常将归属于贵族阶层与佩戴纹章两者混同起来。实际上，很多外行人始终坚信纹章是贵族的标记，只有贵族才能佩戴纹章。然而，自纹章最初出现的 12 世纪起，迄今为止在西欧没有任何一个地方纹章的使用只是某个社会阶层的专利。每个人、每个家族、每个人群或团体始终而且到处可以按照自己的选择自由地采用纹章，并且根据自己的意愿来使用它们，唯一应遵守的条件是不得盗用他人的纹章。为数极少的限制（它们往往并不重要，并且常常是一纸空文）仅涉及纹章的公共使用，以及现代社会里可以纳入盾形纹章之中的某些类别的纹章（如王冠、披幔和表示头衔的徽章等）。

　　然而，尽管人人拥有使用纹章的权利，却并不是说人人都佩戴纹章。某些阶级和社会阶层（尤其在古代）相对于其他阶级或

纹章往往具有游戏的一面。它们出现于骑士比武和狂欢节场合，如 15 世纪末的纽伦堡狂欢节。在这种场合，富裕的屠夫往往扮演主要的角色。

社会阶层使用纹章的频率更高，如贵族、高层行政官员、商人、富有的手工艺者等。这如同现代社会的名片，人人都可以拥有名片，但并非人人都会去制作自己的名片。

相对于贵族纹章而言，庶民纹章采用的图案更具多样性，如为数更多的植物、日用品（家具、服装），尤其是工具等。

纹章的起源：
并非自古就有，也非源自东方

自中世纪末起，有关纹章的论著提出了多个试图解释纹章起源的假设。在随后的几个世纪里，类似的假设有增无减。克劳德－弗朗索瓦·梅内斯特利埃神父在 1671 年发表的著作《真正的纹章艺术与纹章的起源》（Le Véritable Art du Blason et L'origine des Armoiries）中列举了近 20 种假设。其中一些纯属荒诞的假设，如将纹章的发明归功于亚当、挪亚、亚历山大、恺撒大帝或亚瑟王等的假设，在很早的时候，即通常在 16 世纪末期就遭摒弃。其他基于更可靠的论据的假设则存续了较长的时间，但也随着 19 世纪末、20 世纪初纹章学家的研究结果而被排除。

这样，长期以来受纹章学者推崇的三大理论如今均遭摒弃。第一种理论认为，12 世纪最初出现的纹章为古希腊、罗马时代曾使用过的军用或家用标志的直接延续，该理论曾得到中世纪及 16 世纪研究者的青睐。第二种理论认为，古代北欧字母、蛮族符号以及此前 10 世纪日耳曼 – 斯堪的纳维亚的象征标志对封建时代纹章的形成产生了特别的影响，德国纹章学者长期以来持这一观点。最后一种理论产生影响的时间最长，即认为纹章来源于东方，由西方人在第一次十字军东征时借用了一种伊斯兰（或拜占庭）习俗而形成。

现在，专家们一致承认，西欧国家纹章的出现并不来自十字军东征或东方，也不来自蛮族的入侵或源自古罗马时代，它的出现一方面与 1000 年后封建社会的变化有关，另一方面与 11 世纪末至 12 世纪前几十年军事装备的演变相关联。第一次十字军东征时纹章尚不存在，但

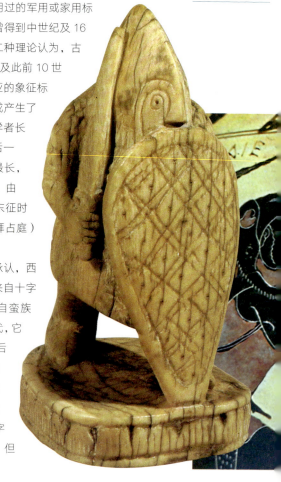

封建时代的盾牌点缀有装饰性的图案，数十年以后，有的成为真正的纹章图案。我们这里所见到的 11 世纪棋子上的网格状装饰图案就属这类情况。

在第二次十字军东征时，它们已得到广泛运用。纹章的真正源头在西方，正是西方汇集了纹章诞生的条件，也应从西方寻求纹章诞生的原因及方式。

纹章在战场上诞生

人们注意到，在两次十字军东征期间，因身上穿戴的锁子甲风帽（直到下巴）和头盔护鼻（遮住了面部）变得难以辨认的西方武士们，逐渐养成了在自己盾牌的正面展示扁桃状图案的习惯，作为在混战之中以及在早期比武时辨认的符号。这些图案呈几何、动物或花草形状，被涂饰成彩色。从某个人固定地使用它们而且其标志往往遵循一

刻在希腊花瓶上的武士有时手持带有动物图案（鹰、狮子、狮身鹰头鹰翼的怪兽等）的盾牌，有些很像中世纪纹章中的图案。它们有的纯粹是装饰性的图案，有的是保护神的标志，有的是暗示使用者姓名的徽章。然而，这些古代的标志与纹章术中的图案并不存在任何联系。

纹章学家在很长一段时间里曾认为，安茹伯爵、诺曼底公爵若弗鲁瓦·普朗特热内（Geoffroi Plantegenest，1151年去世）的纹章，是我们能够查证到的最古老的纹章。在涂有颜色的墓碑上（原先在勒芒大教堂内），我们可看到他手持一个饰有几只金黄色狮子图案的蓝色盾牌（左图）。然而，一位安茹编年史作者曾写道，若弗鲁瓦1127年结婚时可能从他的岳父英王亨利一世那里得到一个画满狮子的盾牌。可惜的是，该文于1175年左右（即若弗鲁瓦死后25年）写成，而墓碑则在1155年至1160年应其遗孀玛蒂尔德的要求建成。因而，若弗鲁瓦或许从未持有过纹章。再者，探求哪些是目前所知的最古老的纹章似乎有些徒劳无益。纹章的出现并非出自某个人的首创，而是基于一种社会现象，它的时间跨度相对较长，大约介于1120年至1150年之间。

些简单、固定及重复性的习惯之时开始，它们便成为真正的纹章。这些做法在 12 世纪上半叶确立。此后，研究战争及骑士比武的专业人士、负责监督纹章的传令官努力使这些做法演变为固定的规则，并且将武士佩戴的纹章载录到纹章汇编（即"纹章图案总汇"）内以便查考。

　　不过，这种与军事装备的演变有关的物质起源并不能解释一切。纹章的出现与封建时代西方社会新秩序密切相关。正如诞生在同一时代的姓氏以及开始成倍增加的肖像标志一样，纹章为正在重新组织的社会带来了新的身份象征。它有助于将个人置于团体之中，并将团体置于整个社会体系之中。正是出于这一原因，起初只是作为个人标志的纹章到 12 世纪末成为可继承之物，这种家族式遗传为纹章赋予了确定的实质性内容。

　　巴约挂毯叙述了诺曼底公爵征服者威廉（Guillaume le Conquérant）征服英国的故事。它大约制成于 1080 年，比纹章的出现早半个世纪左右。刺绣中的盾牌上面虽然饰有十字形、交叉形（×形）和龙等图案，但事实上它们还不是真正的纹章。人们可注意到，在多处出现的同一个人使用了不同的装饰图案。不过，巴约挂毯不失为反映纹章诞生前夕的一份重要资料，因为在表现黑斯廷斯战役的图景中，我们看到威廉公爵掀起尖顶头盔向自己的战士表示他还活着（见上图细部）。这表明激战中使用识别符号已成为必要的明证。

向整个社会延伸

这种起初由王侯贵族使用的纹章逐渐被整个西方贵族阶层所采用。13世纪初，各中小贵族都拥有了纹章。纹章的使用同时向非武士、非贵族以及向不同类型的人群延伸，妇女（自1180年起或更早）、教士（近

1200年）、开业人员与资产者（近1220年）、手工艺者（近1230年）、市镇（自12世纪末起）、职业团体（近1240年）、民事或教会社团（13世纪末至14世纪初）等相继使用纹章。在某些地区（如诺曼底、佛兰德、英格兰南部），农民有时也使用纹章。至于教会本身，起初对于这一完全在其影响之外而形成的体系（对此可以从纹章自起源起便运用地方语

公爵和伯爵们比国王更早采用纹章。法国王室似乎在很晚才选定其著名的蓝底上缀有金色百合花的盾形纹章。我们能见到的最早的证据是在一个印章上，而且还不是菲利普·奥古斯特（Philippe Auguste）国王本人的印章，而是他的儿子路易王子的印章，它被用在一份年代标为1211年的契据内（左上图）。这些卡佩王朝纹章的最初彩色图像则出现在数年后沙特尔大教堂的一块彩绘玻璃上。百合花图案（Fleur de lis）并不是法国国王的专利，它是在很多印章中经常出现的纹章图案，如13世纪初杜瓦尔子爵的印章（上图）和一位诺曼底农民的印章（左下图）。

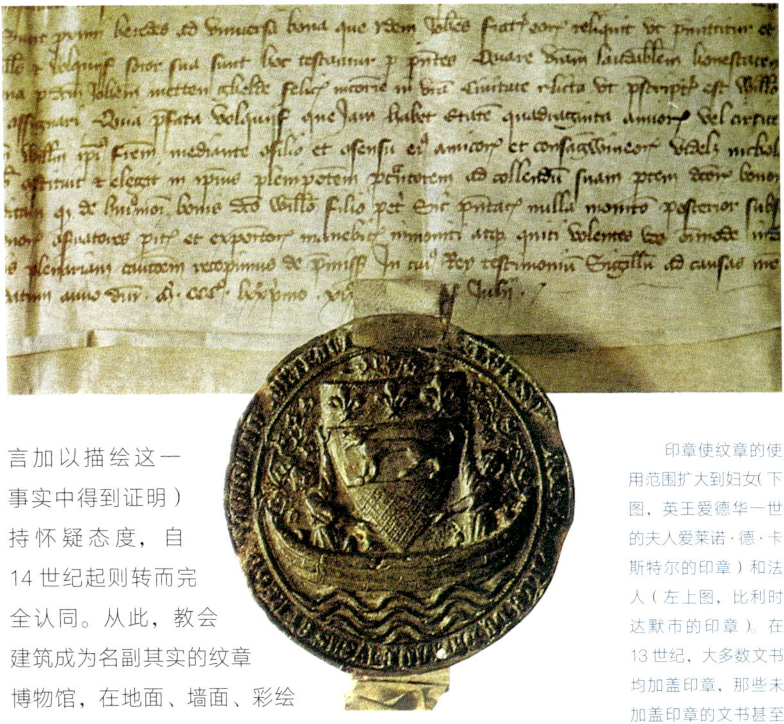

言加以描绘这一
事实中得到证明）
持怀疑态度，自
14 世纪起则转而完
全认同。从此，教会
建筑成为名副其实的纹章
博物馆，在地面、墙面、彩绘
玻璃、天花板、祭祀物品和服
装上到处可见。中世纪末的宗教艺术和巴洛
克时代艺术中，纹章均占有重要的地位。

　　纹章的使用主要通过印章传播到
非武士阶层。很快，领主和骑士不再
满足于将自己不久以前采用的纹章
画在盾牌上，他们同时将之展示在
自己的战旗、甲胄和马甲上及其拥有
的各类动产或不动产中，尤其是作为
自己法定资格象征的印章中。

印章使纹章的使
用范围扩大到妇女（下
图，英王爱德华一世
的夫人莱诺·德·卡
斯特尔的印章）和法
人（左上图，比利时
达默市的印章）。在
13 世纪，大多数文书
均加盖印章，那些未
加盖印章的文书甚至
被认为是可疑的，契
约双方及证人都以印
章做出承诺。有 2/3
的印章采用了纹章的
整体或某一部分作为
图案。

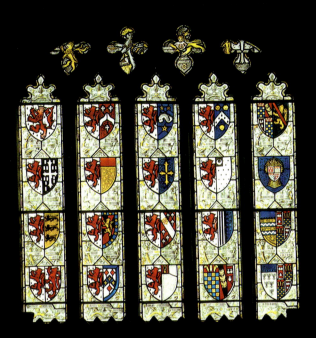

在法国，16世纪的宗教战争以及后来大革命时代的破坏使教堂内众多纹章毁于一旦。相反，在邻国，甚至在新教国家，它们被大量地保存下来，这是因为那种针对宗教画像的战争并未延伸至纹章这种世俗的图像。在教堂内部，尤其是彩绘玻璃为纹章学者提供了有关中世纪末、近代初期的大量材料［左页为布里斯托尔大教堂的彩绘玻璃窗。本页为多塞特（Dorset）一座教堂的彩绘玻璃窗，上面绘有许多纹章图像，其中的一块还绘着服装上饰有纹章的法兰西元帅让·德·梅兹］。不过，类似资料存在着诸如年代推定、识别及认证等问题。而且它们往往不被观众的目光所吸引。其实，很多彩绘玻璃窗，不论是否绘有纹章，它们首先出于记忆功能：它们必须存在，然而不一定非得引起人们的注意。

从真正的纹章到虚构的纹章

　　如贵族所为，拥有印章的人渐渐地养成了以纹章图案充填印章底子的习惯。在我们所知的约 100 万枚西欧中世纪纹章中，75% 系通过印章而得知，其中属非贵族拥有的竟多达 1/3。

　　从地理角度看，纹章还没有确切的诞生地。它们在西欧的不同地区同时出现，如介于卢瓦尔河和莱茵河之间的地区、英格兰南部、瑞士、意大利北部等。此后，它们通过这些中心向外传播。14 世纪初，这一新的时尚最终遍及整个西欧，而且甚至开始向东方基督教国家延伸。

整个 13 世纪至 14 世纪，现实生活中经历了一场真正的"纹章化"运动。图中覆盖着彩绘羊皮纸的木制瑞士箱子，便是 14 世纪初一个很好的例子。

纹章在地域乃至社会阶层方面的传播同时伴随着在日用物品上的扩散。越来越多的物体、布料、服装、艺术品及纪念性建筑物都饰有纹章，它们通常具有三重功能：身份的象征、控制或拥有的标记、美化装饰。纹章在社会生活、思想以及物质文化中被如此广泛地使用，以至于人们设想将纹章赋予假想中的人物（小说主人公、传说和神话人物），以及显然从未使用过纹章的古代与中世纪早期的著名人物（这种做法可以追溯到12世纪末）。

新的象征表达方式

在欧洲各地，越来越接近18世纪，自然人和法人拥有的纹章数量就越多。从16世纪至法国旧制度末这一时期内，全欧洲公布或发现的纹章有近1000万枚之多。

此后印章的使用趋向衰退，渐渐地被签名或公证人的介入（以保证文书内容的真实性）所替代，然而这并未导致纹章的衰退。它们在众多的物体上找到了自己的位置，而且实际上并不受到任何制约，只服从于纹章术的规则。巴洛克艺术甚至给纹章以新的活力，尤其在意大利、奥地利和德国的南部。也正是在这些地区，可能在17世纪中叶，纹章的社会

中世纪末，纹章与生死均有着密切的联系。葬仪（左边跨页图：路易十一的侍从长菲利普·波特的灵柩）不仅展示了死者的纹章，同时还展示了死者先辈的纹章。同样，服装上也饰有联姻纹章，如上图中的索尔兹伯里伯爵夫人（Comtesse de Salisbury）身穿将其丈夫及父亲的纹章图案组合在一起的长袍（她与丈夫用锁链连在一起，显示婚姻关系牢不可破）。

《勒内国王的骑士比武之书》

　　与战争期间并不多见的真正的战斗场面相比，12世纪的骑士或许在比武混斗中才真正使用固定的、以符号表示的识别记号。此后，直到16世纪，骑士比武始终是贵族阶层运用纹章这一习惯的最主要的舞台。一些确立相关规范的论著（例如安茹国王勒内于15世纪中期编写的书）明确地阐述了比武的整个过程。比武通常持续3天，分两队进行对抗（只有骑在马上的长枪比武才能看到骑士之间的个别对抗）。比武前应展示各方的纹章、旗帜和饰章，以便让观众、贵妇以及负责判断是否遵守骑士规则的纹章传令官识别双方人物，并表彰战功。

传播达到了顶峰。自18世纪中叶起,纹章遭遇到某种衰落(尤其在法国和英格兰),它们必须面对诸如姓名首字母图案、花押、徽章、缎带、铭文等新的象征表达方式的挑战。这种衰落在随后的一个世纪里突然加剧。

现代欧洲纹章的数量众多,给登记甚至至少彻底统计清点造成了困难。纹章的自由采纳与自由使用原则使所有类似的尝试均以失败而告终。然而,正是这一原则使纹章得以穿越数个世纪,适应各种社会制度(包括共产主义制度),并且顶住了12世纪至20世纪曾经改变欧洲面貌的大多数社会及文化变革。在众多的尝试中,特别值得一提的是17世纪末在法国进行的纹章清点活动。

自中世纪末起,纹章得到徽章、颈饰、铭文、姓名首字母图案、花押等表示职位或头衔的标志的补充

1696年的"纹章图案总汇"

1696年11月,国王颁布诏书,下令对法兰西王国境内使用的所有纹章进行清查,以便将它们登记到"纹章图案总汇"(Armorial général)这一庞大的汇编之中。该诏书并非旨在将纹章的使用限定在这个或那个社

或竞争(右页为17世纪意大利奥尔维耶托市不同行业象征标志的统计手稿)。有的标志将不同的方式合并在一起,如上图所示的马约里卡花饰陶盘显示了教皇尤里乌斯二世(Jules II)的纹章,作为教皇权力标志的三重冕和钥匙高居其上(左下图为丢勒雕刻的"死亡"大纹章)。

会阶层（尽管人们有时这样认为），恰恰相反，其目的在于统计王国境内使用的所有纹章，并且希望其数量越多越好。因为诏书的真正目则是出于税收上的考虑，这是将钱财揽进国库的手段之一，当时的国库因奥格斯堡联盟的战争而枯竭。这样，凡使用纹章者，不论是贵族、个人还是团体，均必须登记，支付一笔登记费，有违反者将被处以 300 古斤银的罚款，

在地图及罗盘图（上图是一张 1573 年的地图）中，人们通过纹章不仅可以识别王国、省份与城邦，还可以了解欧洲列强瓜分新世界的局面。

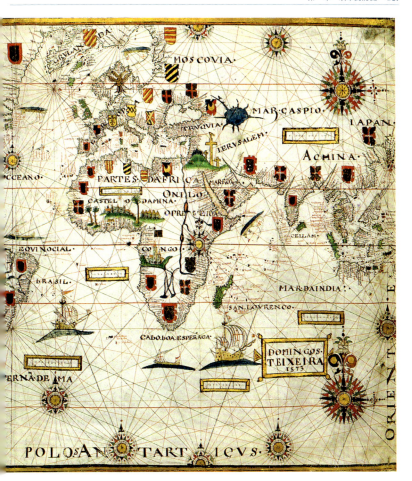

并没收载有纹章的财物。登记费按持有者的身份而有所区别，其中个人持有者的登记费为 20 古斤银，这在当时是一笔相当可观的钱。事后希望更改者还需再登记，并重新支付登记费。

尽管 1697 年间国王多次发出罚款与没收财物的威胁，接受登记者却并不是很多。为此，枢密院于 1697 年 12 月 3 日决定在各个总督管辖区及财政区设置名册，用以登记那些

17 世纪，人们设计了能同时学习纹章术、谱系学和地理的纸牌，由同一批雕刻工和商人向公众推出纸牌和地图。

EDIT DU ROY,

PORTANT
& Souv
neral à I
du Roy
particul

被认为使用纹章的所有个人与团体。被列入名册者自名册公布起有一周的时间进行登记并支付登记费用，未登记者则将被强制接受纹章。这样，当时有很多从未使用且未曾考虑使用纹章的个人（如法官、医生、商人、工匠、教士）与团体被迫采用纹章，或者更多的是被强制接受。"纹章图案总汇"的负责人夏尔·多齐耶（Charles d'Hozier）和他的下属正是为他们创制了极为相似的盾形纹章系列，只是对相同的色彩或相同的图案按特定城市或地区做简单的变化而已。也正是在这一时期，创制了数量众多的"会说话"的（即图案与持有者的名字构成文字游戏）或滑稽讽喻性的纹章，尽管被授予的人显然从未使用过，但它们仍被小心翼翼地记录在"纹章图案总汇"内。例如，一名布列塔尼的药剂师被认定的纹章饰有一根针筒和三只便壶，而一位名叫勒马里耶（Le Marié）的诺曼底律师则被赋予一枚装饰着一对牛角的纹章。

以纹章为封面装饰的精装书在中世纪手抄本中已经出现，16世纪至17世纪时成倍增加（下图为约1580年饰有珍本收藏家雅克－奥古斯特·德·图的纹章的精装书）。后来，放在书内的纹章式藏书票则补充或代替了这种现象。它们都是研究近代纹章史的不可替代的资料来源。

大革命向纹章宣战

在法国，将纹章与贵族等同起来的错误主要源自大革命。在著名的1790年6月19日的会议中，制宪议会在决定废除贵族制度、爵位、号衣、旌麾、骑士等级、勋章及所有"封建象征"的同时，颁布法令废除纹章制度。纹章的使用被废除。然而，如

on d'une Grande Maiſtriſe Generale
& établiſſement d'un Armorial Ge-
Depoſt public des Armes & Blaſons
& création de pluſieurs Maiſtriſes
ns les Provinces.

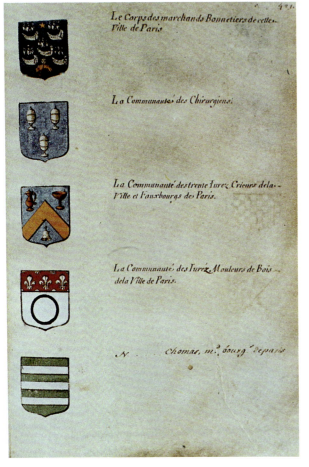

4.1.

Le Corps des marchands Bonnetiers de cette
Ville de Paris

La Communauté des Chirurgiens.

La Communauté des trente Jurez Crieurs de la
Ville et Fauxbourgs de Paris.

La Communauté des Jurez Mouleurs de Bois
de la Ville de Paris.

N. Chomas, m. bourg de paris

从 1696 年 "纹
章图案总汇" 所记录
的名称及其纹章中,
找不到丝毫专属于贵
族的证据 (左图是该
总汇中的一页, 显示
了巴黎一些职业团体
的纹章)。在收集到的
近 12 万枚纹章中, 只
有 1/6 属于贵族个人
或家族。然而, 公众
对此却并不知晓, 在
对贵族血统狂热的寻
觅中, 他们仍然相信,
只需在这一巨大汇编
图集中找到一位祖先
或者是与祖先同名的
人, 便可证明自己出
自名门。此外, 某些
并不严谨的场所继续
持这一错误的观点。

果那些制宪议员劳神环视一下四周，便可发现它们并非贵族的专有标记，更不是封建制度的象征，众多的资产者和手工艺者以及多数城镇、机构和团体均有纹章。1790 年，在法兰西王国使用的纹章中，属于非贵族者的超过 2/3，而其中的 1/3 则为法人所有。虽然在后来的帝国及复辟时期纹章的使用得以恢复，但是经过这场浩劫之后，它们再也不能找回在中世纪和旧制度时的地位。也正因为如此，如今，法国与多数邻国存在着较大的差别：在法国，纹章学是一门主要面向过去的学科；而在其他国家，通过对作为日常生活组成部分的象征符号和可视符号的更新，它继续保持着强大的活力。

　　路易十六在 6 月 22 日下达诏书批准了制宪议会的法令，对纹章的围剿斗争从此开始。1791 年和 1792 年相继通过了多项法令，使得纹章从动产到不动产（无论是公有还是私有）上消失，同时确定十分严厉的惩罚措施来对付那些

UNITE.
ET
INDIVISIBILI
DE LA
RÉPUBLIQU
LIBERTÉ
ÉGALITÉ
FRATERNI
OU LA MOF

经蒙莫朗西镇的马蒂厄（Mathieu de Montmorency）的提议，制宪议会将纹章加进"封建象征"名单中，并颁布法令予以废除。

继续使用者。唯一幸免于难的是那些"涉及艺术"的物品，它们不应被损坏，而应被运往最近的博物馆或保管处。个人不得不"除去"（涂去）或烧毁自己的封号、铲刮自己的餐具和银器、撕碎书本的精

装书皮、翻转壁炉的背板、摧折自己的门楣。1792 年 9 月 21 日君主政体倒台后，围剿运动扩散到原法兰西王国的象征标志，尤其是王冠形状和百合花徽。在几个月内，一种群体性的疯狂直指王国的那些象征标志。1793

法国大革命不得不迅速创建一个新的国徽与符号制度。然而，为做到这一点，它并没有太多的创新，而是从现存的汇编中进行大量吸取，如共济会的徽章符号，尤其是美国革命期间出现的徽章符号。1792 年建立共和以后，尽管法国创设了一整套徽章，但实际上，它们之中无一胜过其他旧有的徽章。唯有与旧制度颇有牵连的雄鸡图案成为国家的象征，它注视着祖国，为新时代的到来而歌唱。

路政督察夏尤 1790 年就小场新路发现未销毁纹章的报告（下图）。

Le soussigné Inspecteur de Voierie a remarqué; rue neuve des petits champs N° à l'hôtel du Contrôle général que l'on a pas supprimé les armes qui existe au dessus de la porte cochère du d. hôtel. Chaillou Cond. arm

年 7 月，巴黎圣徒小教堂（Sainte-Chapelle）的尖顶因部分装饰有"L"（象征着路易）和百合花徽而遭摧毁。

从第一帝国到当今时代

　　这种"纹章恐怖"直到 1795 年至 1796 年间才告结束。在设置帝国贵族后不久，拿破仑于 1808 年为纹章昭雪，并希望将其专供帝国贵族使用。为此，第一帝国的纹章专家们想象出一种可以确切地辨认使用者爵位与职务的奇妙的纹章制度。这种主要基于理论而非美学（盾形纹章内布满图案），并且在实际中无法操作的制度未曾有付诸实施的时间。1814 年，路易十八结束了第一帝国的纹章幻想。与中世纪及旧制度时期一样，从此，任

何人，不论是贵族还是庶民、自然人或法人均可重新自由地按照自己的选择采纳并使用纹章，凭自己的喜好用于私人目的，并可根据自己的兴致随意更换，而这只须遵守一个自古不变的条件，即不盗用他人的纹章。

这也是时至今日纹章在法国及大多数欧洲国家占据主导地位的原则。只有那些有着真正法律地位的君主政体国家（如英国、比利时、荷兰）拥有可以登记、保护或控制某些纹章的官方机构。尤其在英国，直属于王室的皇家宗谱纹章院（Royal College of Arms）与中世纪的纹章传令官团体一样，专门负责处理及解决所有与纹章有关的问题。其他国家则往往处于完全自由状态，甚至可以不遵守纹章学的规则。在这些国家，各种性质的象征标记与式样（首先要数标识图案）极为盛行，它们处于纹章的边缘，有时与之相匹敌。某些城市、企业或团体放弃了传统的纹章而采用标识，其他

英国是纹章学保留着君主及机构性痕迹最为深刻的国家。成立于1484年的皇家宗谱纹章院（作为纹章传令官之首的纹章院院长一职自1415年起便已存在）继续导演着女王和王室参与的官方仪式。这里，我们可以看到在大不列颠旗帜下王室的纹章图案处于何等荣耀的地位，而在一旁，法国则仅以宪法所规定的唯一象征——三色旗相对。

拿破仑选择鹰作为帝国的纹章图案（左页左上）。

一些团体则继续保留自己的纹章，但往往与某一被认为更现
代的标识图案同时使用。个人对纹章的使用情况则颇为不同，
在斯堪的纳维亚地区、苏格兰和
瑞士的使用比较频繁，在英格
兰、德国和中欧少一些，法国
及整个南欧则更少。

　　然而，自 18 世纪起，纹章
的使用范围延伸到欧洲之外，首

加蓬共和国（下
图）使用与欧洲纹章
图案相似的纹章，只
是动物形状出自当地
的动物类别。

纹章图案对当代
徽章、象征图案的延
伸纷繁复杂。以苏联
为例，为了突出其社
会制度与意识形态，
一直过分地运用视觉
效果十分强烈的符
号，并且常常从纹章
术的原则中得到启发
（左页为1985年的
红场阅兵式）。

先是基督教新世界，然后蔓延到亚
洲、非洲和大洋洲。这种欧洲纹章国
际化现象（该现象在最近的几十年
中得到加强）的形成往往以牺牲当
地有时具有数个世纪之久的土著象
征图案体系为代价。以撒哈拉沙漠
以南的非洲为例，所有国家都使用
欧洲式的国旗与纹章，而这些国
家曾有可以扮演类似角色的部落
或祖先的象征图案。这说明，象

征符号领域与几乎所有其他领域
一样，对异文化的吸收现象为单
向运行，而且始终朝着有利于
西方的方向发展。这不能不令
人感到遗憾。

某些欧洲大城市
明明拥有可以追溯到
中世纪的传统纹章，
却偏偏弃置不用，而
去采用那些没有太大
创造性（如城市名称
的首字母缩写）的标
识。与此不同，有的
城市则能兼顾两种方
式：它们选用其纹章
中的主要形状作为城
市的标识（下图为巴
黎的纹章和市标）。
这是一种既不摒弃过
去，又不忽略现代的
方案。

<big>纹</big>章既是一种社会代码，又是一种符号体系。它遵照习惯和规则，将一定数量的图案和色彩构成集中在盾形框线之内。这些规则以及图案和色彩的总体构成被称为"纹章术"的基本原理。

第二章

纹章的图案与色彩

六种基本色彩，开放式的图案汇编，以及无限的组合的可能性，使得纹章术（Blason）成为一种能跨越几个世纪、适应各种社会变革的灵活的代码。

↓Λ⅃Ω⅄⍥⍟⍦⍧⍨⍩⍪⍫⍬⍭

精确的规则，
严格的组合

　　纹章由图案与色彩两部分组成，它们位于周边限定的盾形框线内，而周边的形状则无关紧要。其中的三角形的式样继承了中世纪盾牌的形状，但它并非是必须遵守的形状，只不过最为常见而已。事实上，存在着圆形、椭圆形、方形、菱形（15 世纪起在女性纹章中较为常见）的纹章，甚至难以计数的以支撑物作为周边的纹章。假如支撑物为旗帜、马甲或衣服，那么，这些物体的周边本身便构成了纹章的框架。

　　在盾形纹章内，色彩和图案的运用或组合并非是任意的，它们应服从一些组合规则，尽管规

在日耳曼地区农村的纹章中，我们可见到一些由笔画组合而成的图案（左页上图），它们同时作为物品或建筑物的拥有标记。类似图案在其他社会中也可找到，尤其用于牲口的标记（本页上图是撒哈拉地区图布人作为辨认骆驼的标记）。

则为数不多，但非常严格。正是这些规则，使得欧洲的纹章明显地有别于其他文化传统下所使用的其他象征图案。

　　在亚洲、非洲、被哥伦布发现之前的美洲，以及伊斯兰国家，人们或许可在这个或那个时代看到与西方纹章相似的象征图案，但是，它们的组合从未受过持久、严格的规则的规范。

纹章的六种色彩

　　纹章术最重要的规则涉及色彩的运用。色彩的数量极其有限，通常为六种，这六种色彩在法国纹章术中各有不同的称呼，它们分别为金黄色（azur）、银白色（argent）、红色（pourpre）、黑色（sable）、蓝色（gueules）、绿色（sinople）。人们会发现它们正是西方文化的六种基本色调。其中的前五种到处可见，在各个时代、各个地方的纹章中使用频率极高。第六种即绿色则较为少见，此外，大家还可发现更为少见的第七种色彩——紫色，由于它的使用十分罕见，因而不构成真正意义上的纹章色彩。

常见于日本的圆形纹章（上图）在欧洲较为少见，相反，欧洲有的纹章的周边却往往很不规则（左页下图为法国勃艮第大徽章中呈打火机状的盾形纹章）。

这些纹章的色彩是绝对的、概念性的，而且几乎是非物质性的，它们彼此间的差异已不重要。以红色为例，它可以是朱红、樱桃红、胭脂红或石榴红等。在这里，重要的并不是这种色彩的物质或色彩的表现，而是红色这一概念。蓝色、黑色、绿色也如此，甚至金黄色与银白色，它们既可以表现为黄色和白色（最为常见的情况），也可以表现为金色和银色。例如，在法兰西国王蓝色底子布满金百合花图案的纹章中，蓝色可以是天蓝、玉蓝、群青，百合花则可以呈柠檬黄、橙黄或金黄，它们彼此的差异并不重要，也毫无象征意义可言。艺术家可自由地按照自己的意愿、涉及的支撑物、运用的技术及其所习惯的美学考虑，来表示这种蓝色和黄色。因而，随着时间的推移，同样的纹章可以有很不相同的色彩差别。

色彩配合的规则

纹章术将六种色彩分为两组：第一组为白色与黄色，第二组为红色、黑色、蓝色与绿色。色彩运用的基本规则是禁止将属于同一组的色彩并列或叠加运用，除非涉及极小的细节之处，如动物的舌头或爪子。以狮子作为图案的盾形纹章为例，如该纹章的底子为红色，那么，狮身可以是白

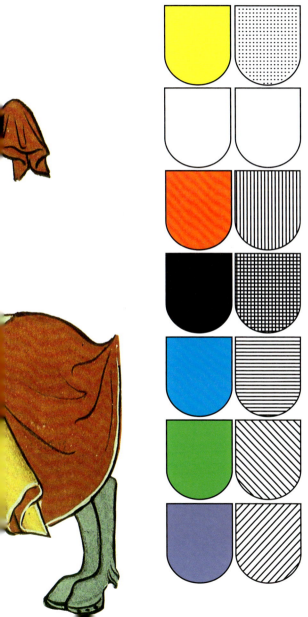

没有图案且由单一色彩构成的纹章十分少见，纹章术中称之为"单色无图案"（Plaines）纹章。抄录了130多位德语抒情诗人诗篇的14世纪初著名的苏黎世马纳斯手写本为我们展示了其中一个典型的例子：一位无名骑士诗人佩戴着红色无图案纹章。

15世纪末，由于黑白版印图画的推广，取消了纹章表现的一个重要因素——色彩。在数十年里，人们不得不借助手工为版印的纹章套色。在16世纪，人们曾设想出不同的文字或符号系统以标示纹章术中的色彩，但都未能取得令人满意的结果。最后，17世纪初，安特卫普的版画家设计了一种简单的表现法，用以表达纹章的七种色彩。于是所有的印刷品都渐次采用了这种方法。

色或黄色，但它不可以是蓝色、黑色或绿色，因为蓝色、黑色、绿色与红色同组。相反，如果底子为白色，那么狮身可以是红色、蓝色、黑色或绿色，但不能为黄色。这一基本规则自纹章起源时便已存在，而且几乎始终并到处被人们所遵守，在某一特定数量的纹章中，违反该规则者很少超过 1%。人们假设此规则源自曾在初期对纹章产生过重大影响的战旗与旗标，而且首先是出于可见性的考虑。确实，最初的纹章均为双色，运用显而易见的符号，便于远处看到及交战厮打时迅速辨认。显然，当红色置于白色或黄色底子上时，比被置于蓝色、黑色或绿色底子上更易于辨认。

但是，可见性并不能解释问题的全部。这还与封建时代色彩所具有的丰富的象征意义有关，类像象征意义却处于不断的变化之中。对于一个 1000 年后在西方形成的新的社会，相应地有一个新的色彩序列：白色、红色和黑色已不再是远古或中世纪初期的那些唯一的基本色彩，往后，在社会生活及与之相连的各种代码体系中，蓝色、绿色和黄色被推至同一个等级。新诞生的纹章学便是这些代码体系的一种。

这种色彩配合的强制性规则并不限于纹章创作，它早已在大多数旗标，尤其是军旗、军事标识及海上信号旗中普遍应用。这就说明了为什么从这些旗标或旗帜继承而得的现代旗帜也围绕七种色彩（橙

4

色代替了紫色）构成，并且通常遵守着纹章的色彩搭配规则。今天，在世界上 200 多种国旗中，80% 以上恪守这一规则。这里列举的分别为希腊（1）、法国（2）、波兰（3）、冰岛（4）、瑞典（5）、芬兰（6）和匈牙利(7)的国旗。

车轮形在纹章中较为少见，其中最著名的是美因茨总主教教区的纹章。

1

2

3

不论色彩运用规则的起源如何，几个世纪以来这一规则始终左右着纹章的创制。然而，当在一个盾形上同时组合两枚或多枚纹章时，该规则常常被违反：两种本不应放置在一起的色彩却被放在了一起。例如，1337 年英王爱德华三世（Edouard III）被宣布为法兰西国王时，他将两个王国的纹章组合在同一个盾形上。这样，在通过四等分方式得到的新盾形纹章中，法兰西纹章的蓝色不得不与英国纹章的红色底子放置在一起。

对电影艺术家和公众而言，纹章仍然而且总是令人回想到中世纪。这便说明了那些以中世纪为背景的电影里，骑士的盾牌中总少不了它们的原因（下图是影片《高卢人佩尔索瓦尔》中的场景）。

5

6

7

图案：开放式的汇编

色彩是纹章最基本的成分。因为，如果说存在着无图案的纹章的话，那么没有色彩的纹章是不存在的，尽管我们只是在单色的文件、印章或货币上了解某些纹章。然而，如果想对图案进行全面汇编，它显然要庞大得多。确切地说，该汇编是毫无限制的，不论何种动物、植物、物品或几何图案均可成为纹章的图案。此外，随着时间的推移，新的图案不断地丰富着这一汇编。比如，如今作为机场所在地的不少城市拥有以飞机形状勾勒

的纹章,而那些冬季运动场则以两块滑雪板交叉为标识。同样,在苏联和罗马尼亚,不少集体农庄拥有装饰有收割机或农用机械的纹章。在这种场合里,我们与纹章的精神相去甚远。

　　尽管任何东西都能成为纹章图案,但并非所有东西都成为纹章图案。至少到 17 世纪,常用图案的汇编仍相对有限。在 12 世纪纹章出现后的数十年内,该汇编只限于近 20 种图案,这个数字不断增加,但直至中世纪末,常用图案也不过 40 余种。只是到了 17 世纪至 18 世纪,纹章图案汇编才更多样化,首先在日耳曼及中欧国家,然后在欧洲以外,即当纹章现象传播到其他大陆时,外来植物与动物纷纷进入盾形纹章之中。

　　在很长时期内,植物(除百合花外)与日用品在纹章中极为少见。在最常见的图案中,1/3 为动物;1/3 为几何图案,这主要来自盾形被分割成一定数量的斜条和格子;其余 1/3 的图案也或多或少呈几何形,如圆形、空心圆形、菱形、星形、长方形等,这些小图案可以处于盾形的任何位置。中世纪末、近代初期,当图案汇编多样化之时,首先加入纹章图案行列的是植物(树、花、果、蔬菜),接着是物品(武器、工具、服装),

　　纹章中可见的几何图案一方面来自 11 世纪至 12 世纪使用的真正的盾牌(它们由金属骨架支撑的木板组合而成)的框架,另一方面来自封建时代军旗(由不同色彩的布块缝制而成)的结构。这些图案可通过直线、弧线、波纹线、曲线、折线或通过呈 T 字形、火焰形、羽毛形等的线条来构成。这可以使它们演变出无限的变体。随着时间的推移,越来越多的自然人和法人拥有纹章,这应归功于边缘线条的变化,借以避免纹章的雷同。

马纳斯手写本展示了不少穿戴有隆重的纹章衣着的骑士诗人的形象，有的佩戴着由十分少见且难以辨认的图案组成的纹章，这一奢华的手抄本因此在 17 世纪被誉为"神奇的纹章图案集"（左图为沃尔夫拉姆·冯·埃申巴赫，著名的《帕齐法尔》的作者，瓦格纳曾受其启发。图中显示，他手持饰有背靠背斧头图案的盾牌和旗帜）。

型作为纹章图案十分稀有，并且难以完整地展示。不过，与其他农具一样，我们可在东欧的集体农庄的纹章中看到。在捷克斯洛伐克伏诺维集体农庄的纹章中，型形图案被整个采纳。而在中世纪，人们可能只满足于型头，并可能运用强烈的单线来勾勒。

有的纹章图案有时似乎显得不合时宜，例如在这块16世纪的瑞士彩绘玻璃上（左图）出现了饰有萝卜图案的纹章。彩绘玻璃上绘有圣母、基督和圣彼得等人物，纹章持有人（即可能出钱制作彩绘玻璃者）很自豪地现身其中，并按原样展示了其家族的纹章。

然后是建筑物、人的肢体、字母，甚至那些将某些纹章转变为小型、难以辨认、有悖于纹章精神的场景。

随着时间的推移，图案汇编（这是人们借以获取制作纹章图案的主要来源）在增加，同时纹章中图案的数量也在增加。在 12、13 世纪，纹章中通常只有 1 个至 2 个图案；

而到了 18 世纪，盾形纹章常被划分成多个区域，同一纹章中出现 4 个至 6 个图案已不算少见，而且通常均为不同的图案。或许几代之后，主要图案上将被添加多个附属图案。因为，一个家族的纹章并非一成不变，它们往往随着时间的推移变得越来越复杂，尤其是在贵族阶层。

在天体中，只有星星是常见的纹章图案。自 17 世纪起，它甚至成为仅次于狮子的使用频率最高的纹章图案。太阳与月亮的出现频率较小，它们通常被赋予人的面孔，如 16 世纪某一纹章论著中的苍天纹章（上图），或者在阿尔伯格圣克利斯朵夫兄弟会成员、画家雅各布·格林（Jacob Grün）及其夫人的纹章之中（跨页图）。

至于流淌乳汁的乳房图案实属罕见，只在英格兰斯托普福德的彼得·道奇（Peter Dodge）家族纹章中出现（左图）。它说明纹章与幽默是如何经常地融合在一起的。

Sarewnig sserbrug — salm

blanckene — wrieberorch

Ernst boy

valkenstein — helfenstein

h̄ va va̅ gele

zon — eppenstein — clebenstein — diersteyn

cocharde — herra hattzen — her beonk va orbach — blingenbergei

beonenborch — eyß — h̄ gherijt van wmisberch — h̄ dederic va̅ wildenbei

贝伦维尔纹章
图案汇编

该纹章图案汇编的名称来自它的一位原持有者，贝伦维尔庄园主安托万·德·博兰古（Antoine de Beaulkincourt），此人曾担任金羊毛骑士团的纹章院长官，死于1559年。这是中世纪留传至今绘制得最好的纹章图案汇编之一。画面雄健确切，图案极具装饰风格，色彩明快鲜艳。该汇编于14世纪下半叶编制成册，按封建等级及地区分类，收集了来自全欧洲的1300多枚纹章实例。这里展示的是特里尔大主教及其陪臣的纹章（左页）和科隆大主教及其陪臣的纹章（右页）。贝伦维尔纹章图案汇编还收集了400位骑士比武、征战及普鲁士远征参与者的纹章，当时全欧洲的贵族纷纷支持条顿（普鲁士）骑士团对俄罗斯人、波兰人及立陶宛人的战争。

nassau nassou   lindeghen

1   2

spanen   Spanen   spanen

3   4

isenborch   cronenborch

6   7

lalozorch   arrborch   Brydorch   fortlegen

8   9   10   lievenstein   die cust

Rumkel & pefkursher

12 wan gouten   grausse   13   kemerer   osdenem

（从左页上部开始，自左
而右，自上而下）：

蓝底上缀有黄色小长方形
和直立状黄色狮子图案
（序号 1）。

底上缀有 3 个白色小鹰图
案（序号 2）。

黄、蓝色交错的棋盘形图
案（序号 3）。

红、白色交错的棋盘形图
案（序号 4）。

红底上缀有白色轮子（序
号 5）。

白底上缀 2 条黑横条（序
号 6）。

红、蓝色交错的纵横四等
分纹章，左上角为黄色王
冠图案，右上、左下为类
似毛皮纹的白斑图案（序
号 7）。

红底黄斜条，上缀 2 只行走
状黄色狮子图案（序号 8）。

红底上缀有 3 个黄色五叶
形花饰（序号 9）。

蓝底、白色圆齿形缘饰，
上缀黄底红色展翅鹰图案
的小纹章（序号 10）。

黄、蓝色横向二等分纹章，
上部缀有黑色展翅鹰图案，
下部缀有 3 个黄心白瓣的
五叶形花饰（序号 11）。

白底上缀有红色盾形图
案，左上角为黑色环形图
案（序号 12）。

白底上缀有 3 个黑色菱形

鹰狮之争

　　自纹章产生之时起，正是动物图案带给纹章术以精华及新意。有 1/3 的纹章采用动物为主的图案。在任何地区和时代，以及对于各社会阶层，狮子图案的使用频率都雄踞榜首。欧洲有近 15% 的纹章运用了狮子图案，其中属于中世纪的更多些，近代则少了一些。这一比例相当可观，因为按使用频率顺序，跟随其后的横条纹（fasce）与斜条纹（bande）图案所占比例仅为 5%。与这一现象不无关系的是，当纹章形成的 12 世纪时，在整个西方传统中，狮子最终成为百兽之王，而在此之前，在欧洲的很大一部分地区（日耳曼、凯尔特、斯堪的纳维亚地区）则曾以熊为兽中之王。

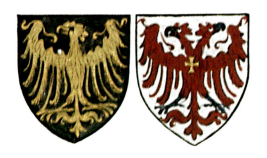

　　纹章中的狮子图案一直呈侧面，且直立状往往多于行走状。当头朝正面时（如英格兰国王的纹章）它被冠以

　　鹰是唯一能以双头展示的动物图案。中世纪时类似的例子相对较少，其中的理由很难解释。这种手法似乎借用了来自东方的织物，而织物本身则继承了更为远古的图形传统。最著名的双头鹰图案为神圣罗马帝国的纹章图案，于 15 世纪初西吉斯蒙德（Sigismund）皇帝在位时最终确定。

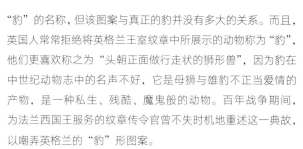

英格兰纹章（左图为英王及其王族的纹章）始于狮心王理查一世在位之时（1189—1199）。当他1195年摆脱监禁生活回国后，将自己一直佩戴（其父亲亨利二世或许也佩戴过）的纹章中两只面对面直立的雄狮图案改换成3只行走状雄狮图案（见左图中左页第一行），并为他的继承人所保留，后来这种头朝正面的行走状狮子图案在欧洲大陆被冠以"豹"的名称。这一改换的原因，至今尚不清楚。事实上，纹章学中的"豹"只不过是狮子的变体（左页左上部是15世纪初的一部依照图案而不是依照持有人进行分类的纹章图案汇编中的4例狮形图案）。如果图案中的"豹"头并不朝正面而仅仅是朝侧面，那它便只是"路过的雄狮"。

"豹"的名称，但该图案与真正的豹并没有多大的关系。而且，英国人常常拒绝将英格兰王室纹章中所展示的动物称为"豹"，他们更喜欢称之为"头朝正面做行走状的狮形兽"，因为豹在中世纪动物志中的名声不好，它是母狮与雄豹不正当爱情的产物，是一种私生、残酷、魔鬼般的动物。百年战争期间，为法兰西国王服务的纹章传令官曾不失时机地重述这一典故，以嘲弄英格兰的"豹"形图案。

狮子之后的动物图案是被誉为"空中之王"的鹰，它有时是狮子百兽之王宝座的竞争对手，尤其到了近代，所有帝国都以鹰而不是狮子作为自己的象征。在纹章学中，这两种动物或多或少地处于互相对立的状态，那些使用狮子图案较

多的地区（如比利时、卢森堡、丹麦）较少运用鹰图案，反之亦然（如奥地利、意大利北部）。同样，纹章中的鹰图案与现实中的鹰也相去甚远。它往往呈体正头侧的直立展开状，嘴与爪凸起。鹰图案的运用在欧洲纹章中约占2%，它在贵族纹章中的使用尤为突出。

从现实到虚构：
纹章中的动物图案

其他动物图案较为少见，这使得动物图案长期以来缺乏多样性。贵族们十分偏爱的猎物鹿和野猪自纹章产生之初便已出现，熊和狼也如此，其中狼在西班牙纹章中的出现尤多。家禽图案则更

为稀少，出现更晚，并且不甚高贵。狗（可通过项圈辨认）与牛的图案在平民的纹章中更为多见，而羊的图案则多出现在城市或宗教团体的纹章中。至于马则是纹章动物图案中的重大缺席者，其中的原因并不明确。马在古代社会中有其特殊的地位，它时而被视为一种简单的工具，时而与人有同等地位。

在鸟类中，除了前面提及的鹰外，我们在纹章中可发现为数较多的乌鸦、雄鸡、天鹅、一定数量的涉禽（鹤、鹭、鹳）及一些鸭子、孔雀、鸵鸟、鹦鹉等。鸽子和鹈鹕则主要属于教会纹章。至于隼，尽管深得中世纪贵族阶层的偏爱，却与马一样十分罕见。然而，欧洲纹章中出现频率最高的并不是一种真正的鸟类，而是原型的、具有单线条勾

在12世纪至13世纪，熊在北欧传统中的百兽之王地位被狮子所取代。尽管如此，能在战斗中打败一头熊在当时还是了不起的战绩，取得这一战绩者很有可能自豪地将熊头图案放到自己的纹章中。诗人哈沃特·冯·赫尔兹旺（Hawart von Holzwang）的一位祖先或许就是这样（左页），而瓦赫斯姆特·冯·库恩赞根（Wachsmut von Künzingen）则满足于宁静的鱼图案（上图）。

勒装饰风格、不属于某一确切类型的鸟种，法国纹章术称之为"Merlette"，意为无喙无爪的小鸟侧身图案。这是一种体形小且始终侧身展示的鸟，在纹章中通常几只成群出现。13世纪末开始呈无爪状，中世纪起呈无喙状。这种鸟图案在纹章中的使用，与其说是一种动物，还不如说是一种小的几何图案（星形、圆形、菱形等），它在法国北部、荷兰和英格兰等地的纹章中大量使用。

　　在鱼类图案中，我们可以遇到类似的情况，即双鱼形图案，它与现实中的鱼类也并无多大的联系，其图案形状有点像白斑狗鱼，在纹章中通常背靠背成对竖立。这是最常见的水族类动物图案。同样呈单线条勾勒装饰风格却更具曲线特征，并拥有如嗉囊状的巨型头颅者，被称为"海豚"，它与同名的鲸类也没有多大的联系。

德国纹章中的动物图案比法国、英国更具多样性，而且在中世纪末，那里充满了不受拘束的精神，这已预示着巴洛克纹章的产生，那些将动物图案和通常不为人所熟悉的因素联结在一起的令人惊奇的组合并不少见。上图为巴伐利亚沃尔弗兰（Wölfflin）家族姓氏标志图案中身穿紧身短上衣的狼的图案，见于16世纪的一块墓碑。

昆虫图案在纹章中十分少见，而且它们几乎总是出现在家族姓氏图案中。左图以蜜蜂为图案的瓦尔德比埃纳（Waldbiene）家族纹章，出现在 15 世纪蒂罗尔教堂的一块墓碑上。

在怪物与怪兽图案中，常见的有独角兽，可通过其公牛的脚和长在前额的大角进行辨认；狮身鹰头鹰翅怪兽，半鹰半狮之物；龙，其图案很不稳定，出于拼凑而成。下图为 15 世纪末康拉德·格鲁嫩贝格纹章图案汇编（Armorial de Conrad Grunenberg）中的一些动物纹章。

最后，值得指出的是，纹章中类似怪物、杂种创造物（海妖）和传说中的动物（独角兽、龙、狮身鹰头鹰翅怪兽）等图案的运用比人们通常所想象的要少。它们在纹章术的动物图像集和神话中的角色出现较晚且有限。

纹章的图形与构图

最初纹章的结构比较简单，仅将某一色彩的图案置于另一种色彩的底子上。由于其目的在于可从远处辨认，图形被简化，所有便于识别的部分均得以突出或夸张，如几何图案轮廓线、动物的头、爪或尾巴，树叶或果实，等等。图形占据盾形纹章的整个底子，两种色彩既鲜艳又纯真，并按上文所阐述的规则进行搭配。这些产生于战场及比武场地的规则构成纹章风格的基础，这也是所有画家必须孜孜以求以便遵守纹章术最初精神的原则。

然而，随着时代的推移，纹章的构图趋于复杂和得到充实。比如，在家族纹章中，我们可看到最初的图案中常常被附以从属图案。有的时候，盾形纹章的表面被分成及再分成越来越多的部分，以便将不同的纹章组合在一起。这种方法可表达直系亲属关系和姻亲关系，或者借以突出拥有多个封地、称号或权力。近代的一些纹章不断地被分割成众多的部分（如维多利亚女王的纹章由 156 个部分组成），因而变得难以辨认。

当成为拥有标记并在日常生活的众多物品上广为使用后，纹章失去了其在 12 世纪斗士的旗帜和盾牌上所具有的重大意义。纹章不仅变得难以领会，其艺术效果也趋于贫乏。此外，

几何图案可分为偶数分割（partitions）和奇数分割（pièces）两类。偶数分割（上图）与奇数分割（下图）的区别在于将盾形分成偶数还是奇数的斜条或格子。经偶数分割的纹章底子只形成单一的层面，而奇数分割则相反，图案被置于底子之上，因而有底子与图案（如十字纹）两个层面。通过偶数分割，盾形可分为、再分为部分与次部分，并可将不同的多枚纹章组合在同一个盾形之中。将盾形分为四个部分是最常见的例子，现实中有将纹章分成 16 个、32 个、64 个，甚至 256 个部分的例子。威尔士斯托克顿的劳埃德家族纹章（右页）堪称世界之最，共分为 323 个部分。

就总体而言，纹章的风格自 15 世纪在勃艮第宫廷达到巅峰后，便缺乏创造性而更为机械，甚至自 17 世纪起变得矫揉造作。只有在奥地利、巴伐利亚和意大利北部等地，巴洛克艺术才使纹章保留一些活力。至于其他地区，纹章风格往往显得冷漠，缺乏优雅，成为纹章术理论家的牺牲品，后者力图将纹章的一切加以规范化、明确化（布局、数量、比例等），不给创新和

近 1420 年在巴黎仿制并绘成的、被称为"温柔宫殿"的纹章图案汇编（下图为勃艮第公爵和波旁公爵的纹章）代表了 15 世纪初纹章图案的巅峰。20 世纪的一些艺术家力图重新找回的就是这种雄深雅健的风格，他们赋予它更具日耳曼特性的表达方式，如德国的著名纹章学家奥托·胡普的作品（左图）。

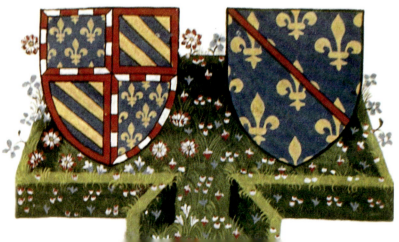

优雅留下任何余地。然而，到了 20 世纪，一些德国（以奥托·胡普为代表）、瑞士和北欧的艺术家重新赋予纹章图案在中世纪时曾经具有的那种简洁与表达力。

不同的层面与意义的解读

除了分割及常见的将两枚或更多枚纹章组合为一的情况外，纹章结构的另一个重要因素是它的层次。在不同的层面依次堆积时，应首先从最底下的底层面开始解读。大多数中世纪时代的图形，尤其是与纹章诞生处于同一时期的罗马时代的图形，同样也应该按照这一方法解读，即从底层着手，接着是中间层面，最后才是最上面的层面，这种解读顺序与我们现代的习惯正好相反。事实上，在制作纹章时，人们首先选择盾面（底子），然后在盾面上绘制图案。如想增加其他成分，则置于该图案的同一层面上，或者置于一个新的层面之上（此类情况较为常见），但绝不能后退到下面的层面。这样，纹章以层堆积的形式出现：底层确定纹章的最初结构与基本成分，中间层面与上层为相继添加的成分，一般用以区分同一家族的两个支系或两位属于同一支系的个人。

盾形纹章的饰章：
面具或图腾

盾形为纹章构成的主要部分，它就是严格意义上的纹章。然而，随着时间的推移，盾形框架周围增加了一些附属成分，它们有的仅仅起到

所有的纹章均由层面堆积组成。任何事后添加的成分都置于最上面的层面或形成一个新的层面。以诺曼底领主纪尧姆·德·热库库 (Guillaume de Jeucourt) 的纹章的构成为例，它的底层（第一层）是黄色；接着是红色十字形（第二层），被十字形分割形成的四个小区内各绘有黑色狮子图案（同属第二层）；然后是在十字形中心的白色圆形（第三层）；最后是在圆形图案上所缀的红色锤子图案（第四层）。

装饰作用[如盔饰(casques)、冠(couronnes)、布边形(lambre-quins)],有的则有助于辨认持有者的身份、等级、职务或爵位。不过,这些外部成分的使用及展示却从未遵守严格的规则,不像盾形内部所应遵守的有关色彩与图案的规则。

最为古老的外部图案是饰章(cimier),即置于纹章端部的盔饰或盔饰之上的装饰。它的起源非常古老,常见于多数古代人士的纹章中,其作用在于威吓敌人、鼓舞己方的士气,并为己方祈求吉祥佑护。中世纪末,它甚至成为一种阅兵的装饰,在比武时使用,很少用于实战。那是一种由木头、煮硬的牛皮、布或羽毛制成的脆弱

的装饰物。在绘画或纪念性建筑物中,饰章在纹章上的展示很不现实,它或者被夸大比例,或者被增加倍数。以巴洛克艺术为例,它会毫不犹豫地在一枚四等分纹章之上安置四个不同的饰章。原先由个人使用,并可按照情况或使用者的想象任意更改的盔状饰章,随着时间的推移趋于稳定化,并成为在同一家族内可继承之物。它可以复制纹章的某一

纹章初创时代,骑士习惯于将头盔绘成不同的色彩,有时加一些标识性成分(如角、翼等)。这便是最初的饰章。但是,这些图案或素材在某一个人或家族中稳定地使用尚需数十年的时间。长期以来,饰章的使用十分自由。在15世纪,骑士每次比武时变换饰章或运用荒诞的饰章的情况并不少见(下图是冯·巴登领主的家族饰章。"巴登"在德语中是洗澡的意思)。

部分图案，或者更为常见的是由另一个图案构成。

在日耳曼国家，很早就形成了饰章的家族特征，饰章常常是纹章的重要补充之一。

在波兰和匈牙利，饰章则往往具有某种图腾色彩，同一家族的全部成员使用同一饰章，饰章的名称可用作整个氏族的姓氏。

在其他地区，饰章的使用则较为灵活，并且多与表象相连，尽管它们中有很多变为可继承之物。

以英格兰为例，18 世纪至 19 世纪时，由于盾形纹章内图案过多和过于复杂，饰章往往成为家族纹章的标记。

颈饰、徽章与格言

在纹章的其他外部装饰物中，有必要提到那些"支撑物"（supports）。它们于 15 世纪在纹章上出现，由似乎支撑盾形纹章的动物或人形图案构成。在 15 世纪它们的使用虽然频繁，但仍保持着装饰性质，尽管某些家庭一直努力使用固定不变的支撑物。相

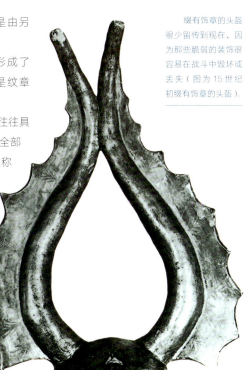

缀有饰章的头盔很少留传到现在，因为那些脆弱的装饰很容易在战斗中毁坏或丢失（图为 15 世纪初缀有饰章的头盔）。

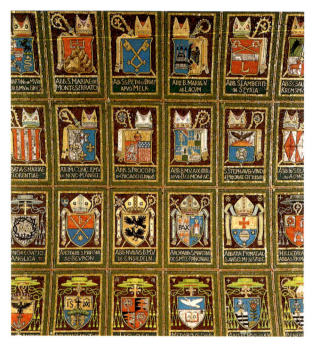

高级神职人员
很少在自己的纹章中
设置饰章。相反，权
杖、十字章、主教冠、
帽等可以区分入修会
的教士与修院外的教
士，以及后者中的红
衣主教与一般主教、
主教与议事司铎。左
图为卡森峰修道院教
会行善者的纹章。

反，骑士勋章颈饰和职务及爵位徽章（十字章、权杖、佩
剑等）为个人所有，并具象征意义。当纹章只能辨别家族时，
它们有助于明确某一人，甚至可以为此人的自传或生涯给
定一个相对有限的时间段。至于自 17 世纪起安置在盾形
纹章之上的众多的冠饰，它们和盔饰及盔饰之上的饰物一
样主要出于装饰性质，而且与人们时常所认为的相反，并
不能帮助识别持有者的头衔、社会地位或阶层。尽管有的
近代纹章论著为纹章确立了严格的类型（公爵、伯爵、侯
爵等的冠饰），实际上它们的使用极为自由，伯爵冠饰更
多地用在平民纹章而非真正的伯爵纹章中。最后，自中世
纪末起，格言有时可伴随盾形一起出现。它可以是从封建

时代战争标记中继承而来的简单的字眼或真正的格言。铭言通常刻在外缘的带状装饰上，或卷轴状的框子内。有的仅由个人使用，有的则为家族或集体共有。同一个人或家族可同时拥有不同的格言，同一格言也可由多个家族、集体或无亲属关系的个人使用。

中世纪末的英格兰，军官的旗帜上饰有不同的标志：属旗标志、骑士勋章符号、铭文、徽章、虔诚的题词或格言等。左图为16世纪的两个例子，分别属于布赖恩·斯特普尔顿（Brian Stapleton）和亨利·斯塔福德（Henry Stafford）。第一幅的格言为一只受伤的狗和谜一般的词句 "Mievlx i ssera"；第二幅为被绳子套住的天鹅，胸部有新月标志，伴有"温顺与忠诚"的字样。类似的格言大约在17世纪逐渐消失，而大人物纹章的周围则出现了勋章颈饰、贵族徽章（上图是黎塞留的纹章）。

法文"héraldique"（纹章学）从"héraut"一词衍出，后者则来自德文"heriwald"（使者）。"héraldique"一词起初只是形容词，直到19世纪初才同时用作名词，此前人们用"science héraldique"来指管理及研究纹章的这门学科。

第三章

纹章学，鲜为人知的学科

纹章学现象到处存在，它将符号和代码置于多种支撑物上。基督的盾形纹章或旗子（饰章为受难的器具，见于15世纪的手抄本）也好，道路信号牌也好，它们实际上都遵守着纹章术的规则。

从纹章传令官到学者

　　起初，纹章传令官（Hérauts d'armes）是为某君主或大贵族服务的官员，他们的工作在于传递消息、宣布战争或宣告骑士的比武。后来他们逐渐专门负责后一领域，并在比武过程中以类似于现代记者的方式为观众描述参与者的纹章及主要业绩。这促使他们加深对纹章的认识，因为，在身穿盔甲的情况下，只有纹章才能识别比武者的身份。这样一来，传令官就成为纹章的真正专家，他们编制纹章的规则与表现形式，确定描述纹章的语言；他们跑遍整个欧洲对纹章进行统计，将发现的纹章画下来并汇编成册。

　　到了近代，纹章传令官的学问趋于衰落，纹章学转入历史学家、语文学家以及17、18世纪之时被称为"古史学者"（Antiquaires）的博学家之手。他们感兴趣的并不是同时代的纹章，而是以往朝代的纹章，因为后者对他们而言不失为真实的历史资料。这对以后几个世纪的研究人员而言也是如此。

　　确实，纹章中含有各种各样的信息。它们尤其可以显示

　　自14世纪起，纹章传令官身穿特殊的服装，即中袖短袍，上面绘制有他们所服务的主人的纹章。英国王室传令官至今仍穿着这样的服装（下图为18世纪英格兰与苏格兰国王纹章传令官的袍服）。传令官对于纹章学演变的影响在各地并不一致，对于那些纹章源自军事用途的国家（法国、英格兰、荷兰、德国莱茵河沿岸及南部）影响较大，对其他国家（意大利、西班牙、葡萄牙、波兰、北欧诸国）则影响较小。

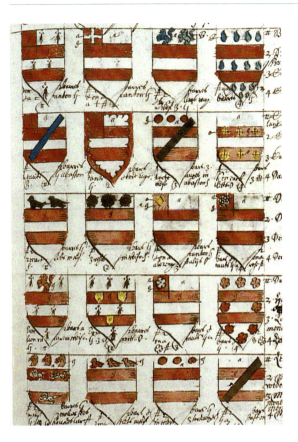

自 15 世纪中叶起，学者们便懂得纹章学对于研究谱系、朝代及政治史的作用。他们抄录了众多的中世纪纹章，重新进行汇编，并开始统计涉及某个家族、城市或地区的纹章。类似统计工作在随后的一个世纪内更加频繁，纹章学因而成为考古学与语文学的重要辅助手段。在法国，当宗教战争摧毁了众多的建筑与艺术品后，一些"古史学者"，如尼古拉·佩雷斯克（Nicolas Peiresc）或罗杰·德·加尼埃尔（Roger de Gaignières），着手复制众多有关纹章的文件与见证物，用以保全对它们的记录并为相关研究提供帮助。

持有者两方面的情况：他们的身份及其所生活的社会、文化环境。长时期以来，纹章学对于政治史、朝代史，对于谱系研究、考古学、艺术史的贡献正是基于纹章持有者的身份之上。

纹章为谱系研究服务

纹章作为一种社会代码，通过其组成规则，往往可以确定某一个人在某个团体内的定位，并将该团体在整个社会中定位。能识别纹章者有时可以对其进行解读，如某人在家族内的地位、其姻亲情况、职务与社会地位，某个家庭在谱系中的位置及其祖宗、姻亲和亲子的关系史，不同谱系间的相互关系、封号与特权的历史，以及领地、朝代、王国与国家的历史，等等。

在同一家族内，只有宗子（即长房的长子）才可以持有完全的家族纹章，其他任何人（如父亲还活着的儿子）都没有这项权利，而且必须对纹章做细小的改变，以表示自己不

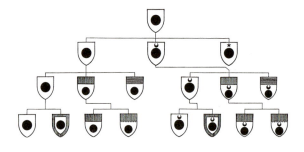

是纹章的继承者（即长房的长子）。类似的改变被称为纹章的"区别标记"。女性不必遵守上述规则，她们婚前佩戴父亲的纹章，婚后则往往使用将父亲与丈夫纹章组合在一起的纹章。

区别标记的使用在传统纹章之国，即纹章产生于 12 世纪战场上的那些国家（如法国、英格兰、苏格兰、荷兰、德国莱茵河沿岸，瑞士等）尤为常见，其他国家（如北欧诸国、奥地利、

在一个严格遵守区别标记的家族里，随着代的相传，次子一脉的纹章与长子一脉的纹章的差别越来越大。

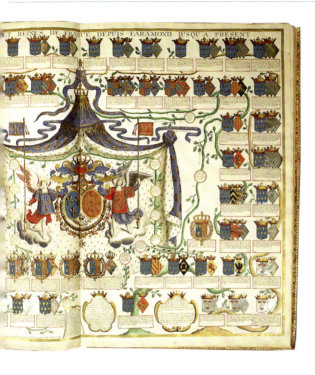

与英国王室一样，法国王室十分注意区别标记的运用，即便到18世纪，这种方式已被很多的贵族系族所弃用。然而，我们可看到，随着时间的推移，法国王室的区别标记变得越来越隐蔽［跨页图是由雅克·舍维拉尔（Jacques Chevillard）设计的法兰西国王纹章谱系图，而在英格兰和苏格兰（左页图是斯托达纹章谱系图）则较为明显。

中世纪采用色彩变化或变换方式的区别标记并不少见［下图是诺曼底马莱（Malet）家族的例子］，后来则变得十分罕见，理由可能是因为其太过明显。

西班牙）则十分罕见，甚至不曾使用（如意大利、波兰）。因身为次子而对家族纹章做区别标记的方式多种多样，如增加或删除某一图案、改变色彩、将底子与图案的色彩倒换，等等。起初，区别标记广为社会接受，因而往往比较明显。后来，人们不希望明白显示自己是次子，因此更倾向于运用较为隐蔽的标记，通常只在家族纹章上添加细小的图案。

纹章以继承的方式传递，经数代的演变以及区别标记的改变后，次子一脉的纹章可能就变得与长子一脉的纹章完全

不同了。相反，通过表面上并没有亲属关系的两个家族的纹章，可以辨认出他们其实出自同一个祖先。纹章学因而成为谱系学研究的宝贵辅助手段，它有助于确立亲子关系，重建血缘关系，并区分同名之人。

纹章为艺术史、考古史研究服务

　　作为拥有标志及装饰之物，纹章于 12 世纪至 19 世纪在无数的物品、建筑物及文件中出现，并因此可确定有关物品的某种身份。事实上，如今对纹章的研究，有时是我们对这些物品和建筑物做时间和空间上的定位，找出其出资人及持有人的变化情况，从而再现其历史及盛衰的唯一的方法。对纹章的识别尽管十分困难，却是纹章学者首先从事的工作之一，从中可以归纳出广受考古学者与艺术史学者所赏识的生动的材料。

　　纹章学最宝贵的贡献似乎在于对日期的推定，因为某人佩戴纹章的日期与此人的生卒年月相比，在时间间隔上通常要短得多。对于某位国王或王子来说，当他的纹章的每一部分象征着对某块封地或领地的占有时，通过寻找可以证明这一纹章构成的图案与时间资料，便可能得到相关事件更为确切的结论。有时，在一件物品、艺术品或一个建筑物上饰有

"圣路易的宝盒"于 1853 年在达马里莱里（Dammarie-les-Lys）教堂被发现。这是一个覆盖锡层的木箱，饰有圆头水晶钉与金色珐琅圆形饰品，并绘以人物、动物与纹章图案。在很长的时间里，学者们将其断定为 13 世纪末之物，并认为是菲利普·勒贝尔曾经让人放置圣路易于 1297 年封圣后的一些圣骨的箱子。但该日期与纹章的日期不符。当代纹章学者埃尔韦·皮诺托（Hervé Pinoteau）对其做了全面的研究，并将原定日期改为 1236 年的夏天。为此，他识别了盒上所存的全部 46 枚纹章（这些纹章的持有人均为圣路易的亲属），并通过各个人物的死亡日、婚姻日、授予骑士称号日、登基日、授封及到任日等的综合分析而得到上述结果。这是纹章学有助于古物年代研究的典型例子。

属于不同人物的多枚纹章的情况下，人们往往可以将日期的差距限定在几个月内，进而可以通过这些不同人物的生日、婚姻日、登基日、授封或到任日、死亡日等，推断出较为可靠的日期。一个著名的例子就是现保存在卢浮宫，以"圣路易的宝匣"命名的 13 世纪的珐琅匣，对于它的日期，艺术史对其定位的时间差距是半个世纪，而通过埃尔韦·皮诺托的纹章学研究，则可确定它的制作日期，差距仅在几个星期内。

通过纹章，可以辨认出画家丢勒于 16 世纪初绘制的波姆加特纳祭坛后装饰屏中的每个人物。左图为 15 世纪的金币，上面镌有维斯孔蒂（Visconti）家族的纹章。

纹章的意义

纹章研究的这种考古特性属于人们所说的传统纹章学。它首先依赖于纹章使用者的身份。然而，纹章并不限于识别使用者的身份，它们同时可以

反映使用者的个性。新的纹章学所孜孜以求的正是
后者。20多年来，得益于不同人文科学之间的区分，
新的纹章学更新了研究方法，拓宽了研究领域。

比如，通过对色彩、图案
起决定作用的原因的研
究，可以勾勒出纹章使用
者或设计者的企盼、信仰、
文化或感觉方式。

然而，其中的某些原因不
得而知，因此，我们必须承认，对
中世纪及旧制度下曾经使用过的将近半
数的纹章不能进行任何的解释，除此之
外的纹章则与或多或少可简单辨认的意
图相对应。例如，当陪臣采用与领主相
同的纹章时，他们往往改变其色彩。又
如，城市往往在自己的纹章中显示其某
一建筑物或其守护圣人的标志；而在职
业团体中，它们的纹章图案可直接联想
起所涉及的行业，如用牛的图案表示屠宰业、松鼠的图案表
示皮货业、剪刀图案表示裁缝行业等。

佛罗伦萨的百合
花图案（上图）是姓
氏纹章图案，这一点
在13世纪便得到证
实。与法兰西国王的
百合花徽不同，佛罗
伦萨的百合花图案几
乎是盛开的，雄蕊十
分突出。

纹章在中世纪及
现代钱币中的使用，
使纹章学成为钱币学
研究的重要辅助手段
之一。它同样是书籍
史研究的手段。对绘
有纹章的藏书票的研
究可以识别珍本书爱
好者，并重现其藏书
情况（左图为当代的
两枚藏书票）。

图像中的人名：标志姓氏的纹章

标志姓氏的纹章，即其中的某些因素与使用者个人、家
族或团体的名字有关的纹章，尤为如此。起标志作用的因素
通常是某种图案，但也可以是某一色彩，如佛罗伦萨的罗西
（Rossi）家族使用的是全红的盾形纹章。其中的联系可以是直
接的［如勒高克（Lecoq）家族使用雄鸡图案，"勒高克"即为
雄鸡］，发音上的［如里尔市（Lille）的原拼写与发音为"里斯勒"
（Lisle），自12世纪起便以百合花（音为"里斯"）为纹章图案］，

显示苏黎世船夫
行会成员的大型彩绘
玻璃。

由字谜构成的［如瑞士海纳伯格（Henneberg）家族采用
雄鸡（德文为 Henne）栖息在山顶（Berg）上的图案］，
或者是引申性的［如日内瓦勒福尔（Le Fort，意为强大）
家族采用的大象图案］。它可以是十分明确的，也可能
围绕一些偏僻的、已消失的方言构成。这便解释了为数
众多的姓氏标志纹章没被如此归类。但姓氏标志纹章
的数量相当多，它们的数量相当于欧洲纹章的 20%
或 25%，并且在日耳曼纹章中略多一些。与人们

时常的断言相反，
姓氏标志纹章的出
现既不早于也不晚于
其他纹章。它们一开
始就相当丰富，尤其在
贵族纹章中。甚至有的
王国也运用姓氏标志纹章，
如卡斯蒂耶（Castille）王国的小
城堡、莱昂（León）王国的狮子等。

　　对姓氏标志纹章的研究始
终极富教育意义。以人名学为例，
它可分析某些姓氏的形成与演变，及其与象征图案的关系。似
乎姓氏并不总是先于纹章而存在，相反，有时恰恰是先习惯运
用这个或那个纹章图案而后形成姓氏。类似例子在斯堪的纳维
亚和波罗的海沿海一带并不少见。同样，从象征体系角度看，
探究为什么人们十分乐意选择某些动物作为姓氏标志图案（如
雄鸡或乌鸦），而有的动物尽管在人名学中十分常用（如猫、
狐狸）但却被完全弃用，是很有意义的事。以德国大家族卡茨
耐伦伯根（Katzenellenbogen）为例，尽管该姓氏令人联想到
猫（Katze），但却十分谨慎地避开了该动物，而选用豹作为纹
章的标志图案。

卡茨耐伦伯根
家族的纹章（上图）

　　在德语国家，姓
氏标志纹章数量众多，
人名学研究有利于它
们的创造。它们有的
完全由字谜构成，如
德国黑尔芬施泰因
（Helfenstein）家族纹
章（左图），图案为一
只象（Elefant）站立
在石头（Stein）上。

新纹章学：风格、流行与时尚

新纹章学超越个别情况，它同时建立在数量及统计方法之上，以便归纳出某一时代、某一地区、某一阶级或社会阶层的纹章中图案与色彩的使用频率。在西欧，通过中世纪留传至今的资料，我们可认识近 100 万枚不同的纹章，而近代纹章的数量则超过 1000 万枚。再对统计结果进行解释，并通过与其他学科所取得的结果进行比较，纹章学可突出时尚、流行等现象，并认识文化体系及敏感事件的历史。

例如，通过对色彩频率的观察，可以发现自 13 世纪至 18 世纪蓝色的使用频率在欧洲得到了惊人的增长，不论是在纹章中还是在服装中，或是在所有社会符号中，随着时间的推移，蓝色取代了红色，成为最具价值的第一色彩。时至今日，蓝色仍然是西方人最喜爱的色彩。但古罗马人却称它为"野蛮"的色彩，而且在查理曼帝国时期，还没有一位国王、伯爵身穿蓝色衣服。通过这一自封建时代开始的演变，纹章学带给我们一个可靠的佐证。与其他资料不同，它可以借助数据逐个世纪、逐个 10 年地对此进行研究。

莎士比亚（Shakespeare）是否佩戴过纹章，尚不能肯定，然而其后代很早就赋予过他，这显然属于姓氏标志纹章；带斜条的盾形纹章，斜条上叠加有矛（英语为 spear）的图案（下图）。

The Armorial Bearings of
WILLIAM SHAKESPEARE
of Stratford-upon-Avon.

下面的图表说明了欧洲纹章中色彩使用频率的变化。

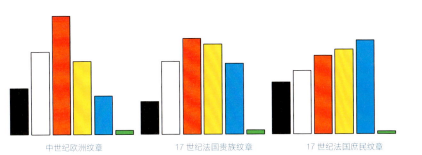

中世纪欧洲纹章   17 世纪法国贵族纹章   17 世纪法国庶民纹章

好的、坏的纹章图案

同样，对纹章图案使用频率的分析，可以显示某些远远超出纹章术本身的文化现象。以下例子可以说明这一点。

首先，12世纪至13世纪神圣罗马帝国时期鹰与狮的政治对抗，鹰通常是皇帝追随者的纹章图案，而狮则是其敌对者的通用纹章图案。

其次，北欧大部分地区直至13世纪末始终以熊为百兽之王，直至今日，尽管在其他地区熊作为百兽之王的地位不论是民俗还是动物传统已被狮所替代，但德国或丹麦一些姓氏以"柯尼"（König）为词根的家族（如柯尼斯巴赫、柯尼斯伯格等）则继续采用熊而不是狮作为姓氏标志图案。

再次，在文学纹章或假想纹章中具有明显贬义特点的某些图案被赋予反面人物，如猴、龙、蛇、蛤蟆等被认为是魔鬼般的动物；而带有条纹图案或格状结构的纹章，在中世纪时，它们则属模棱两可的或贬义的图案。

最后是17世纪至18世纪法国或英格兰的非贵族人士在选择某些图案（玫瑰、独角兽、百合花）时的冒充高雅现象，或者更为常见的是将某些通俗的图案加以转化，如将狗变为狮、雄鸡变为鹰、家猪变为野猪、工具变为武器或甚至将图案转化为百合花等。

金羊毛勋章马术纹章图案小集中的女骑士之后潘泰齐莱（Penthésilée）身着配有纹章的戎装。

符号与梦想：假想纹章

　　然而，如今新纹章学所开创的最丰富的调查研究领域非假想纹章莫属。所谓"假想纹章"，即凭中世纪或近代的想象赋予那些从未存在过，或者生活在纹章出现之前的人物的纹章，类似的人物有文学或神话中的人物，《圣经》或古希腊、古罗马人物（大卫、亚历山大、恺撒……），皇帝、中世纪前期的国王与教皇（尤其是查理曼大帝），善与恶的化身等。其范围十分广泛，甚至圣人与天体也均被赋予纹章。基督的纹章很早便可从多种资料中发现，它时而叠加着复活节羔羊图案，时而装点一种或多种受难刑具。中世纪末，上帝本身也被赋予纹章，据一则巴伐利亚手抄本显示，其图案为呈 Y 形状的三位一

赋予恶魔的纹章出自中世纪的想象：3 只绿色的蛤蟆，它们和纹章中有时所用的弯曲线条一样，均为贬义图案。

体的象征图,饰章为一只鸽子。事实上,在 15 世纪至 16 世纪的日耳曼国家,一切的——绝对是一切的东西均可被赋予纹章,纹章学在物质与文化生活中地位之大可见一斑。

　　研究假想纹章往往可以发掘出十分丰富的纹章象征意义。通过将人们在某个特定时期所认识或设计的人物与人们赋予这些人物的图案及色彩联系起来的方法,历史学家便拥有研究这些图案及色彩的象征含义的坚实基础。相对而言,正如我们所看到的那样,真正的纹章对于这方面的研究显得较为困难,因为在真正的纹章中,流行和时尚现象与纯粹的象征问题相比,所起的作用更大。

上帝纹章中的三位一体图案与鸽子饰章。

文学纹章：
从克雷蒂安·德·特鲁瓦到巴尔扎克

　　假想纹章集中出现最多的是在文学作品中。例如，自12世纪末起，克雷蒂安·德·特鲁瓦（Chrétien de Troyes）和他的后继者为亚瑟王和圆桌骑士绘制纹章。文艺复兴时期，小说家、诗人（阿里欧斯托、勒塔斯）、剧作家（莎士比亚）同样如此，有时还含某种讽刺手法，如拉伯雷公开嘲讽巨人高康大的纹章，塞万提斯为堂吉诃德设计了可笑的纹章。还是在19世纪，大作家巴尔扎克就曾为《人间喜剧》的众多人物创

　　把纹章赋予假想人物需经历几个阶段。12世纪起，首先给予文学人物饰有纹章的盾形或旗帜，随着故事的展开从文字过渡到图形（左页彩图是《埃涅阿斯纪》中的人物埃涅阿斯的纹章）。然后，人们以同样的方式将纹章赋予传说中的圣人、传说人物与天神以及《圣经》。最后，到中世纪末，善与恶的化身有了自己的纹章（上图是挂毯上的"贞洁"纹章，纹章的图案为天使）。

在中世纪，数量最多，最协调的文学纹章系列由圆桌骑士的纹章构成。兰斯洛特、高文、帕齐法尔、加拉哈德、特里斯坦及其他一些人自 12 世纪末或 13 世纪初便有了纹章，在随后的几十年内，他们的同伴也有了纹章。15 世纪时，150 名或 180 名圆桌骑士都佩戴了纹章，从此被收入特别的纹章图案汇编中。在手抄本的绘画中，通过纹章可以识别各个人物（如本图中正在交战中的马多尔·德·拉波特和兰斯洛特）。

制了纹章。与比他早几乎 7 个世纪的克雷蒂安·德·特鲁瓦一样，巴尔扎克运用这种方法来突出人物的个性，在叙述中预示某种即将发生的片段，或者简单地给读者一个暗示。

De synople brisé a vn filet, & 3. lambeaux d'argent en chef. Par quelques vns, de synople à vn lambeau à trois pendans d'argent.

在这些文学纹章或假想纹章中，最为固定的纹章（如亚瑟王和他的同伴的纹章，亚历山大、恺撒、查理曼的纹章等）很早便从课本延伸到艺术品或图片之中。由于它们扮演着肖像特征的角色，因而有助于识别相应的人物。

纹章术的语言：严格与诗歌

最后，同时从语言学及符号学角度看，新纹章学力图将纹章术的语言作为文献语言和符号系统加以研究。这种具有自己独特的词汇与句法的语言，有着特殊的性能，可通过极少的成分表达丰富的信息。根据国家的不同，它或多或少地为外行们所理解。在法国和英国，日常语言和纹章语言的差别最大，一名外行几乎看不懂运用纹章术语对纹章的描述，尤其是英格兰的纹章，如今还使用 12、13 世纪的常用语言（盎格鲁－诺曼语）描述。在意大利和德国，类似的差别要小一些，德国、荷兰及斯堪的纳维亚国家则差别更小，色彩术语和句法与常用语言十分接近。

不过，在法国或英国，这种"脱节"也只是一个渐进的过程。13 世纪，纹章传令官在骑士比武时为观众介绍参与者纹章情况所用的语言，仍能被受过教育的人所理解。纹章语言与文学作品的语言相

亚瑟王是由中世纪的人们想象而塑造的主要英雄。但对于中世纪的人们而言，亚瑟王是一位实实在在的人物，是他们现实生活的一部分：众多的作品、表演、节日、图像及其他各种性质的见证物中都讲述了他的故事，圭尼维尔王后的故事与圆桌骑士的故事。亚瑟王很早就有了纹章，即蓝底上缀 3 个金色的冠饰（上图）。

D'or, brifé en chef d'vne mollette d'efperon de fable.

差并不大。到 15 世纪，出现最初的纹章学专论时，传令官为了表明自己不可或缺的地位，故意将纹章术的语言复杂化。

17 世纪的学者为纹章语言增加了新的复杂成分与众多的不必要的细节。最后，到 19 世纪，很多纹章学者陷入了学究的陷阱，使外行不能理解任何有关纹章的描述。

如今，这种纹章语言更能引起语言学家的好奇心。它十分简练却含义丰富，不仅表现为一种极

在英格兰和苏格兰，纹章在各城市依然大量可见。这不仅有以往在众多建筑物上传播的旧作，也有作为某一城市或政府机构、银行或保险公司、商行、社团、体育俱乐部，甚至某一简单的广告的标记或啤酒商标的新近创作。

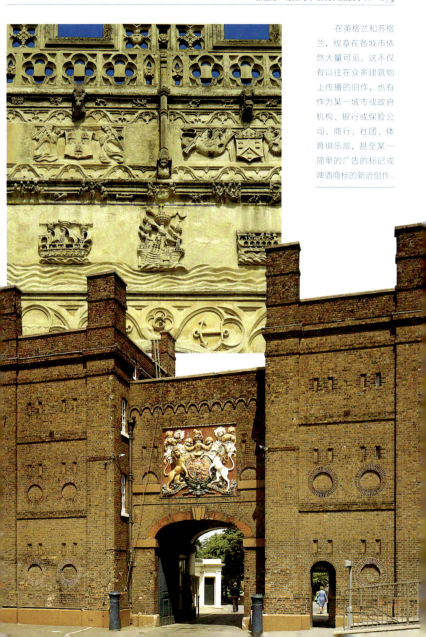

为精雕细琢的代码，而且还是一种最能表达形象的语言，总是优先考虑形象结构。此外，它的图案结构和描述语言还富有诗歌与梦幻的力量，如"黑底上缀有3个金色小号角""类似毛皮纹的白底黑斑图案外加绿色横条""蓝底上缀有叉尾状白色狮子图案""金、红色交错的棋盘形图案外加小圆齿形缘饰，上面叠压一个缀有小十字架图案的蓝白色毛皮纹底小纹章"。

纹章学现状：
从纹章到标识

在经历了两次世界大战之间的衰落阶段后，近30年来，西欧各地对纹章的研究明显复苏。在大学以及保管机构，研究人员对纹章的兴趣超过了前人。此外，计算机技术越来越系统的使用大大地拓宽了他们统计和调查的范围。

在当代符号体系中，国际信号代码与纹章学的关系最为密切。它使用不同的旗帜表示各个数字和字母，这些便于远处观察到的旗帜的构造如同真正的纹章；五种基本色彩（绿色不被使用）严格遵守纹章术规则，图案和分割完全符合纹章要求。该代码诞生于海上，主要用于海上信号系统。它可以传达船只将要进行的不同操作或告知船上发生的情况。实际上，某些字母旗帜也传达确切的信息，如与字母"O"相对应的旗帜同样表示"有人落水"。

然而，纹章学并非研究人员的专利，它同样是日常生活的组成部分。在某些地区（如瑞士或苏格兰），中世纪纹章学与当代纹章学之间甚至从未有过断层，纹章在众多的建筑物上继续存在，并且随着时间的推移变得越来越流行。在其他地区，则主要是某些法人（尤其是城市）纹章继续昭示着纹章在日常环境中的存在。今天，这种城市纹章到处充满着生机，并且有时还促进了极具独创性的作品的诞生（如在斯堪的纳维亚）。

纹章学的影响并不仅仅来自纹章，它同样来自纹章术体系的直接继承者——旗帜（世界上几乎所有的旗帜均遵守纹章术的色彩搭配规则），来自在某些

蓝底上缀有白色方框的旗帜与字母"P"相对应，表示船即将下海。

情况下对纹章构成激烈竞争并
且经常借助于姓氏标志图案的标
识，甚至来自按真正的纹章进行
设计并且严格遵守（不仅在欧洲，
而且在全球范围内）色彩应用规
则的道路交通信号牌。

很多汽车拥有盾
形徽章，有的是真
正的纹章，如阿尔法·罗
密欧牌采用米兰公爵
的纹章，保时捷牌则

纹章学遗产

    纹章学在运动场上的影响
更大，盾形徽章、会旗、队旗、
运动衣色彩、支持者摇动的色
布或旗子等几乎全被纹章化，
时常使具有数个世纪历史的形
象标志的生命得以延续，但参
与者或观众并没有真正意识到
这点。有多少人知道米兰两个
著名足球俱乐部（国际米兰和
AC 米兰）的标志色彩，在 16
世纪时就已经是该市两个区域的标志性色彩了呢？

采用符腾堡公爵的
纹章。有的则吸取了
著名纹章中的主要图
案，如标致汽车的狮
子图案便采用了弗朗
什 – 孔泰（Franche-
Comté）地区的纹章
图案。

    我们如今所见的徽章、图案、标识的起源有时可以追溯
到更远的过去。13 世纪末，勃艮第伯爵奥托四世在纹章中摒
弃鹰图案而采用狮子图案。他想通过这种方式宣布与君主断
绝一切关系。这一狮子图案纹章被他的继承人所保留，并成为

后来弗朗什–孔泰地区的纹章,该地区相当于往日勃艮第伯爵的领地。到 19 世纪末,弗朗什–孔泰地区纹章中的狮子图案被放到标致汽车上,并成为该汽车制造公司的商标,因为它的总部和工厂曾位于该区的蒙贝利亚尔一带。如果 6 个世纪以前勃艮第伯爵没有与德国皇帝翻脸,那么这家法国最大的汽车制造商之一的公司的商标又将怎样呢?它会不会冒着刺激法国消费者的风险(他们会立刻将它与普鲁士的国徽相比较)而选择鹰图案呢?我们可以打赌,在当时情况下,勃艮第伯爵的狮子图案对于阿尔芒·雪铁龙(公司创办人)的财富并非无关紧要。

纹章通过色彩及球衣上的盾形徽章在运动场中出现(下图为身穿澳大利亚国家队球衣的橄榄球运动员尼克·法尔–琼斯)。

见证与文献

纹章术是历史的关键所在。

——热拉尔·德·内瓦尔

《天使翱翔》，1854年

百合花使史学家们不寒而栗吗？

似乎可以做出这样的疑问，因为有关百合花的学术著作太少了。然而，它却是实实在在的历史事物，同时具有政治性、时代性、艺术性、图案性及象征性。但是，它远不是中性的事物，自法兰西共和国成立以来对于它的研究而派生出的观念，最终引起了历史学家和考古学家的怀疑。

对于这个法国君主政体的象征，甚至纹章学者也有所保留，而没有进行人们有权期待的对它的研究。

然而，相关的文献并不缺乏。从12世纪到19世纪，百合花图案遍布各地并引发诸多问题。此外，旧制度时代的学者们……部分地开垦了这一领域，并收集了众多的证据。他们的成果尽管有些陈旧，有时显得朴实，但远比19世纪、20世纪初许多相关题材作家们的作品优越。在后者的笔墨里，百合花常被用于政治斗争活动或玄奥的胡言乱语。现在，应该是中世纪史研究者们借助于科学的判断方法重新调查、重翻案卷的时候，以便使我们能阅读到有关该花历史的可靠、丰富的作品，正如我们此后所掌握的有关日耳曼鹰、英格兰豹、比利时及荷兰狮或斯堪的纳维亚十字章历史的作品那样。

多数论述过百合花图案起源的作者，在承认其与真正的百合花并无多大的联系上意见相合，但在它是否从鸢尾、染料木、莲花或荆豆派生而来，或更为怪诞的假设，即是否表现为三叉戟、箭头、斧头甚至鸽子等，则互有分歧。在笔者看来，这一问题并不重要，重要的是指出它是一种单线条勾勒的图形，很有可能是花，且在古代、近代诸多社会中作为装饰图案或象征标志使用。其实，它不论是在美索不达米亚的圆柱、埃及的浅浮雕、迈锡尼的陶器，还是在高卢的钱币、萨珊王朝的布匹、印第安人的服装或日本的纹章中，都可见到。然而，

里尔市纹章

带有斜条纹和百合花图案的法兰西纹章

该花的象征含义在各文化中并不相同。它时而象征纯洁或童贞，时而为喂奶或受孕图案，时而是权力或主权的标志。

与中世纪及近代曾在欧洲使用的百合花相似，最古老的百合花应用范例在公元前 300 年亚述人的浅浮雕上。它们用来装饰三重冠、颈饰、君主的权杖等，似乎已经扮演了作为君王标志的角色。稍后在克里特、印度和埃及所见的百合花饰很可能有着相似的象征意义。在此之后，我们可在希腊、罗马及高卢众多的钱币中找到百合花。如果说在希腊、罗马的钱币中这种花饰还不很稳定的话，在高卢钱币中，它可称得上是真正的纹章百合花图案。

圣母玛利亚的一种标志

在保持其作为君王标志的同时，中世纪初百合花又被赋予强烈的基督教特征。这一现象的起源，部分来自被神父

和理学家们广为引用及注释的《雅歌》中的诗句"我是沙仑的玫瑰花，是谷中的百合花"（《雅歌》第二篇第一段）。这就是为什么直到 13 世纪，基督的画像时常被置于百合花或类似花饰中的原因。

在此背景下，随着对圣母的崇拜，这种花饰又渐渐插入了圣母的象征特色，这可以从《雅歌》诗句"我的佳偶在女子中，好像百合花在荆棘内"（《雅歌》第二篇第二段）、《圣经》中众多片段以及《圣经》研究论著加以印证。在这些作品中，百合花被视为纯洁与童贞的象征。

这样，百合花又渐渐成为圣母的标志。钱币学为我们带来了相关的最初证明，11 世纪至 12 世纪由教会献给圣母而发行的一些钱币运用了百合花底子。然后，教堂的教务会在印章上（如巴黎圣母院自 1146 年起、努瓦永圣母院于 1174 年起、拉昂圣母院于 1181 年起等）又为我们显示了圣母右手持百合花的形象。修道院和隐修院很快就模仿了教务会的做法。此后，圣母手持百合花或身处百合花之中的画像不计其数。它们有时为简单的花叶饰，有时为花园的百合，有时为真正的纹章百合花饰，有时为权杖、王冠或绘有百合花饰的外套。在 13 世纪，这一做法似乎达到了顶峰。不过，到中世纪末，在玛利亚的肖像画中，百合花作为圣母的花卉标志开始受到玫瑰的挑战。这一爱情之花此后似乎与象征童贞之花平起平坐。

卡佩王朝的百合花

　　对于法兰西国王将百合花选定为纹章标志的时间、方式及其象征意义等问题，有过诸多阐述。一些作者自13世纪下半叶起便对此做了评注，而在接下来的整个世纪中，众多的文学作品（其中多数旨在为瓦卢瓦王位权力辩护）解释说，法兰西国王"持有象征三位一体由三朵百合花组成的纹章，它们由上帝的天使送给第一位基督教国王克洛维……嘱咐他削除其所佩戴的纹章中三只癞蛤蟆图案，用三朵百合花取而代之"。

　　上述传说直至16世纪末广为传播。百合花从此不再被认为是诚实、智慧、荣誉这三大美德的体现（这是圣路易时代给予百合花三片花瓣的解释），而被认为是法兰西王国的保护神三位一体的象征。它在法国君主政体的缔造者克洛维国王皈依基督教时由上天赐予，克洛维立即将它置于自己的纹章中，以代替曾被普遍认为其在接受洗礼之前佩戴的具有魔鬼特征的癞蛤蟆图案。

　　这一传说此后历经挑战。它不仅受17世纪学者的抨击，又遭19世纪史学家的笔伐。时至今日，旧制度下学者的观点已不容争议，因为12世纪上半叶前欧洲各地还没有纹章，而且法兰西国王根本不在首先使用纹章的君王之列。实际上，直到1211年，才在一位卡佩王子的印章中见到百合花图案，而且也不是菲利普·奥古斯特国王（1180—1223）本人，而是他的长子路易王子，

即未来的路易八世（1223—1226）。

　　在对圣母怀着同样特别的崇拜并力图使法兰西王国置于其保护之下的叙热（路易六世、路易七世的顾问）和圣贝尔纳（1091—1153）两人的影响下，路易六世（1108—1137）、路易七世（1131—1180）逐渐地引入了百合花的象征意义，并在法国君主政体的标志物汇编中优先使用。在路易七世（他比此前历任卡佩国王更为虔诚）在位的后半期，百合花在意识形态方面的使用进一步得到加强。法兰西国王对它的使用已超过其他任何基督教君主。数十年后，在寻求某种象征标志用以创设正在形成中的王室纹章时，人们自然地想到了两个朝代以来已与卡佩王朝及圣母玛利亚建立起密切关系的这一图案。从此以后，与持有同样的花卉标志的圣母一样，卡佩国王可称得上真正的天与地、上帝与王国、臣民之间的协调人。

一种被共享的花

法兰西国王及其家族和官员远不是唯一使用百合花为纹章图案者。自12世纪末起，这种花已完全是一种纹章图案，且在西欧广泛使用，其在纹章中的使用频率仅次于狮子、鹰以及两三种几何图案。从地理角度看，百合花在以下领域更受偏爱，它们是荷兰北部和南部、布列塔尼、普瓦图、巴伐利亚和托斯卡纳；从社会角度看，它尤其被中小贵族及农民用于纹章或纹章性标志。在农民的纹章中，它是最常见的图案。

在法国旧制度时代，人们曾做过大量的论述，试图解释百合花出现在这个或那个家族、某一个人、这个或那个团体的纹章中的原因。一些作者有时受到纹章持有者的收买，毫不犹豫地为他们编造传说或荣耀的祖先，以表示与卡佩王朝有着远亲关系，或者想象为君王出过大力进而从国王那里得到了纹章特许。其实，所有这些都毫无史实依据。法兰西国王以花特许的情况并不多见。这里举一个古老的例子：1389年查理四世允许他的"表弟"、未来的法国陆军统帅夏尔·阿尔布雷在盾形纹章中同时使用法兰西纹章图案和阿尔布雷纹章图案。

在绝大多数情况下，百合花在某纹章中的运用只能归结于它在纹章图案中极高的使用频率。在纹章中，它往往扮演着与其他小图案（如星形、圆形、环形、新月形、无爪的小鸟形等）相同的技术角色，即陪伴或装填几何图记、充实单色底子。与纹章学始终如一的是其地域性方式，而非社会性方式。

在一些纹章中，百合花可能扮演姓氏标志图案的角色，即与使用者的姓名或名称形成某种文字游戏。其中的关系可建立在"花"（拉丁文为"flos"）上，如佛罗伦萨（Florence）的图案；或在"百合"（拉丁文为"lilium"）上，如里尔市（Lille）纹章，自12世纪末起便在印章上出现，而且始终出现在该市的市标中。

米歇尔·帕斯图罗
《百合花国王》
《历史》杂志，1995年1月

中世纪纹章中的鹰与狮

> 纹章是高度规则化的标志。为此，它们很容易适合于数字性研究，甚至适合于真正的统计调查，并将结果以图表形式进行表达。这些图表显示出图案与色彩的频率指数主要随着国家和地区的变化而变化，而不是随着阶级或社会阶层变化。

将不同纹章图案的频率指数以地图形式表示，往往很能说明问题。这两张涉及鹰和狮的地图通过对来全欧近 2.5 万枚中世纪纹章（12 世纪至 15 世纪）进行统计整理后绘制而成。

图中的界线为 14 世纪末期主要封地或封地组之间的界线。尽管有频率指数上的差异（狮图案在纹章中的使用稳居首位），但我们可以明显地看出，除西班牙外，那些较多使用狮子图案的地区就较少使用鹰图案，反之亦然。实际上，两者在中世纪纹章中是相互对立却均为权力标志的动物图案。13 世纪，在欧洲的大部分地区中，似乎已存在一个鹰派（皇帝的支持者）和一个狮派（其反对者），为此，很多领主出于政治原因采纳带鹰图案或带狮图案的纹章。

此外，西方象征性标志中，在鹰和狮的对立之前，中世纪前期的凯尔特与日耳曼国家曾经有过熊和野猪的对立。

米歇尔·帕斯图罗
《新纹章学》
《为了科学》杂志，1977 年 11 月

在右页图中，所占百分比越高，其色彩越深。采用鹰图案纹章的依次为大于 15%、12% 至 15%、10% 至 12%、5% 至 10%、小于 5%。采用狮图案纹章的依次为大于 70%、60% 至 70%、50% 至 60%、30% 至 50%、小于 30%。

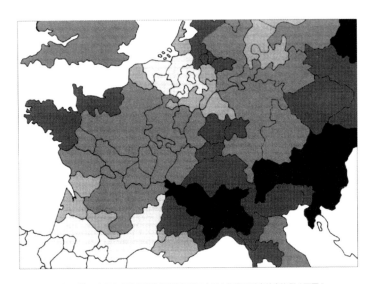

同一地区相对于动物图案纹章总数的鹰图案纹章比例（上图）和狮子图案纹章比例（下图）

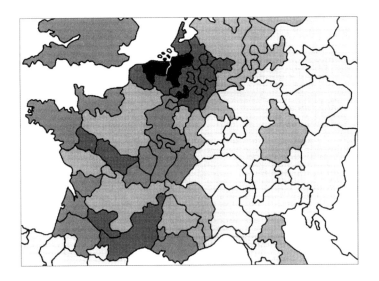

法国文学中的纹章

很多诗人和小说家描述过纹章，但并非所有人都了解纹章术的规则。有的（如拉伯雷）嘲弄纹章传令官，其他人（如巴尔扎克自1839年起）较能倾听他人意见正确地描绘纹章，还有些人（如普鲁斯特）则喜欢遵循词的和谐及梦的诱惑。

巨人高康大的色彩与号衣

高康大的色彩有白、蓝两种。我是说，当读到这些词时，你会说白色意味着诚实、蓝色意味着坚定……但是，又是谁对你说白色意味着诚实、蓝色意味着坚定的呢？你会说是一本很少有人问津、由小贩们兜售、题为《色彩的纹章》的书。是谁写的？不管他是谁，他不敢签署自己的名字。

拉伯雷
《巨人传》，1535年

英雄时代

想显示自己勇敢的人，在身穿的盔甲或所持的盾牌上绘制识别标志，以便在人群中让人看到自己的勇猛。其中一人绘有蛇的图案，另一人绘有狮子、鹰、豹……这样，在过去的几个世纪中产生了上百万种标志，后人将它们作为符号保留了下来。

龙萨
《致勒内·德·桑泽的书简》，1550年

庶民的虚荣心

稍有幸福感、已成家立业的庶民，谁没有包含一个体面成分、一个支撑状图案、一枚饰章以及带有一句座右铭或一句战斗口号的纹章？……对自己十分满足的最富裕的资产者尚有廉耻心，阻止自己以侯爵的头衔相炫耀。

拉布吕耶尔
《品格论》，1688年

大文豪蒙田的纹章

法国的纹章

　　严肃的人为法国寻找纹章。动物图案已全部被人用过，西班牙有狮子，鹰则勾起危险的回忆，家禽中的雄鸡又过于普通，外交时容易成为嘲讽的对象。说真的，应该是一种"古代"的东西，然而，如何构建这么一座老屋呢？

　　我建议将数字 29 作为法国的纹章。这既具有独创性、真实性，而且 7 月 29 日这个伟大的日子已具有古代英雄主义的光芒，并可以避免玩笑。

司汤达
《致〈地球〉杂志主编的信》，1830 年

人间喜剧

　　该盾形以其简朴足以使纹章艺术爱好者陶醉，能显示家族的自豪感与悠久历史，如同基督教世界的十字军骑士时代为识别自己而发明的符号。瓜伊斯尼克家族从未将其四等分，它历来如此，就像法兰西王室的纹章，行家们可从更

《人间喜剧》中的人物拉斯蒂尼亚克家族（上图）和鲁邦普雷家族（右页图）的想象纹章

古老的家族的纹章中找到其缩影或四等分形状。

巴尔扎克
《贝娅特丽克丝》，1839 年

盖尔芒特家族的纹章

　　我又看到了绘制在孔布莱彩绘玻璃窗底座的纹章，其各部分随着数世纪的推移填满了所有领地的图案，这些领地由这一著名的家族通过联姻或购买方式从德国、意大利及法国各地得到，其中有北部广阔的土地、南部强大的城邦，在失去其物质性存在的同时，加入并构成盖尔芒特家族的纹章，寓意性地记录下它们绿色的小塔尖图案或蓝底银白的城堡图案。

马塞尔·普鲁斯特
《盖尔芒特家族的一侧》，1920 年

14世纪与纹章有关的一件诉讼案

12、13世纪时，纹章的构成还较为简单，一般由两种色彩和一个图案组成，因而两个没有亲缘关系的家庭使用相似的纹章并不少见，而且这并不损害任何人。相反，自14世纪起，这种偶然相似的情况越来越让人难以忍受，因此有的家庭便要求君主进行公断，以确定谁可以保存有争议的纹章，谁必须更改。

英格兰纹章史上最有趣、最重要的事件之一要数斯克罗普、格罗斯夫诺尔和卡尔米诺间的三方争议。该案件在英格兰之外鲜为人知。

1385年，理查二世国王入侵苏格兰时，他的两位骑士约克郡的理查·斯克罗普爵士和柴郡的罗伯特·格罗斯夫诺尔爵士拥有相同的蓝底金色斜条纹章。斯克罗普提起诉讼，格罗斯夫诺尔则坚持吉贝尔特·格罗斯夫诺尔爵士自跟随征服者威廉初到英格兰时就已持有金色斜条纹章，而且在此之后由他的祖先一直佩戴。案子被告到军事法院，由英格兰陆军总管主持。数百名证人出庭做证，其中斯克罗普一方有卡斯蒂利亚

向纹章传令官出示纹章

国王、兰开斯特公爵约翰·德冈和他的儿子亨利（后来的亨利四世）、诗人杰弗里·乔叟。案子拖了好几年。1389年，陆军总管裁定斯克罗普胜诉，但允许格罗斯夫诺尔在附加银色边饰后持有该纹章。双方对该裁定都不满意，格罗斯夫诺尔向国王上诉。1390年5月27日，理查二世做出个人判决，确认了斯克罗普佩戴原有纹章的权利，并废除了陆军总管给予格罗斯夫诺尔附加银色边饰后持有该纹章的许可。至于废除的理由，国王解释说："这种边饰不能成为生活在同一王国内无亲属关系的家族纹章之间的区别标志，它只适合于互为亲属关系的两个家族。"

不少证人说到第三个人，即康沃尔的托马斯·卡尔米诺，他于1360年远征法国时曾佩戴该纹章。当时，卡尔米诺持有该纹章的权利已经受到格罗斯夫诺尔的抗议。然而，案子并未因此而了

结，敌对双方显然不加修改地继续使用
该纹章。在另一个场合，当争论还在进
行时，卡尔米诺对斯克罗普持有该纹章
的权利"发出挑战"（challenge）。这一
次，陆军总管在 6 名骑士的帮助下立即
做出判决，决定斯克罗普和卡尔米诺两
人均证实了自己持有的权利。有趣的是，
据这些法官之言，卡尔米诺证明其祖先
自亚瑟王时期起便佩戴该纹章，而斯克
罗普则只能证明到征服英格兰（1066）
之时。

　　1390 年判决后，斯克罗普家族和
卡尔米诺家族继续持有该纹章，而格罗
斯夫诺尔则只好选择新的纹章图案。结
果他采用了蓝底金色花束的图案，如今
由他的后代威斯敏斯特公爵继续使用。

一些现代作者曾表示卡尔米诺和格罗斯
夫诺尔为解决争议而决斗过。其实，三
方的争议通过法律途径解决。谬误可能
来自于对"challenge"一词的错误解释。
因为，在现代英语中，该词有时做要求
格斗解释，而它的正常含义应该是争论、
否认，对当时所用的"challenge"一词，
我们采取后者的释义。

H. S. 伦敦
《斯克罗普 – 格罗斯夫诺尔 – 卡尔米诺之间的
争议》
摘自《瑞士纹章档案》，1951 年

废除"封建标志"

　　法国大革命决定自 1790 年起废除纹章,与废除"封建标志"同时进行。但是,直至王朝被推翻,对于"可能涉及艺术的物品"则属于例外。这一例外自 1792 年秋起被终止,这样在整个 1793 年期间,发起了一场针对一切带有纹章、贵族标记或君主政体象征标志的动产或不动产的真正的"纹章恐怖"运动。

1793 年 10 月 12 日,巴黎,
艺术及文物委员会会议记录。
巴黎市镇,致公民们,
摘自公共艺术工程与文物委员会理事会议记录登记簿。

致公民阿弗里尔,
共和二年雾月 18 日。
唯一的和不可分割的,
共和二年第一个月 21 日。

1792 年的巴黎市纹章,上有当时流行的弗里吉亚帽图案

　　一名成员在大会上指出,杜伊勒里国家宫和卢浮宫的壁炉上有布满百合花的护板。

　　他还指出,在舒心菜单酒店的栅栏上有铜制或镀金青铜制的封建标志。

　　依照勒令消除封建标志及所有百合花饰的法令,大会决定:

　　1. 将所涉护板翻个身;

　　2. 去除舒心菜单酒店的栅栏,并由国家监督员负责这些工作。

　　然后,公民阿弗里尔宣读了关于在大城市外围建设墓地及有关残废军人院建筑的请愿书。

　　请愿书大受欢迎,大会决定将它转交共和二年第一个月 23 日举行的省议会,以便在会上宣读,并求得省议会在国民公会的支持。

　　公民阿梅龙向大会表示,他在巴黎不同的区域发现王国及封建的标志,应该尽快予以铲除。

　　首先他提到奥尔姆小堤岸的饰面上有路易十五时代的铭文。

一些公民要求摧毁塞尔旅店纹章的请愿信

然后他指出，前贵族塞莱斯丹宅第范围内各处有无数的百合花饰，必须清除一个大厅天花板的那些花饰，该大厅供前国王的秘书们开会之用。它们由金色绘制，底子为蓝色。他要求将该天花板涂成白色或黄色。他补充说，在这同一建筑内还有3座钟楼上绘有端部为百合花饰的十字形，百合花饰同时在盲人小教堂、教堂及某大厅的彩绘玻璃中出现。

此外，他宣布，沼泽地罗泽埃路37号一扇大门的旁边有一块哥特体铭文，其开头为"卢瓦尔家族领地开始于此"等。

最后，他说，圣日耳曼市郊格勒奈尔路的圣肖蒙教堂和前贵族卡尔姆利特的宅第上，有不少十分明显的端部为百合花饰的十字形。

其中一名成员认为它们早应该铲除。

一名成员告知大会，兵工厂路段的治安法官要求其法院的外墙贴上共和宣传纸，用以填补已被迫清除之处。

大会就日程中的这一最后问题进行表决，表示该事项与大会无关，并将所述路段治安法官的要求发往相关部门。

签字
公共工程理事、大会主席：阿弗里尔
书记员：库龙波
摘自委员会会议记录登记簿
巴黎，国家档案馆。

引自雷米·玛蒂厄《法国纹章系统》
巴黎，1946年

诺阿耶元帅解释未能及时清除其巴黎府第纹章的信函

日本的纹章

在非欧洲社会所使用的不同的象征标志体系中，日本传统体系与欧洲纹章系统最具相似性。此外，与西方一样，这些以往纯属个人使用的标志，自 12 世纪起成为可继承的家族事物。然而，在欧洲纹章与日本纹章之间仍然有着很大的差异。

日本的纹章艺术具有很强的灵活性和迷人的想象力。其图案形式多样，而且往往以出乎意料的方式进行组合，艺术家可任凭自己的想象，不受任何规范、基本原理的束缚。然而，其图案的结构并不缺少严格的几何平衡方面的考虑，并且始终遵循着某种形状勾勒的传统。日本纹章艺术同样有其专门的术语，不仅涉及图样及其位置，而且涉及它们的结构。其最常见的纹章形状为圆形，但也可以呈正方形、长方形、菱形及令人想到龟背花纹的六角形等，各种形状可通过边的弯曲或角的钝化而修改。在某些情况下，尤其是当纹章用于装饰织物时，其外形的周边被去除。与 16 世纪前西方的纹章学家相同，日本人害怕空白，总让图案填满纹章并与其形状相贴合。这样，根据这一原则绘制的紫藤总状花序、展翅的鹤或蝴蝶保持着圆点的外形，如果给格黑尔纹章图案汇编（16世纪）的某个盾形纹章整修一下轮廓，便可得到类似的效果，里面的狮或鹰图案将保持其原有的三角形状。

日本纹章术中没有直线分割，大多数纹章的组成比较简单，只有 1 个至 3 个图案，很少有更多的。但是，因特许或联姻等原因，将不同家族的纹章组合在一起构成新纹章的现象并不少见。此外，尽管在日本并不存在类似苏格兰或波兰那样严格意义上的氏族纹章，一些大家族还是通过相似或添加的手法，对它的附庸纹章施加了影响，因此，可以把纹章按地区进行分类。

金色图样呈现在黑色底子上，有时色彩正好相反。色彩的应用较少，一般为深蓝、淡蓝、红色、棕色和绿色，其使用与其说是作为均匀色调涂设，还不如说是为了突出轮廓。相反，在白色和黄色的陪衬下，它们在旗帜上的使用就显得十分鲜艳。

图案

日本的纹章图案数量众多，且富有变化，不过人们很少遇到类似于我们所形容的"普通图案"的集合图案。横向和纵向的斜条（即我们所说的"横条纹"

织田信长的纹章

和"纵条纹")只是按照其数量简单地表达"1"、"2"和"3"这些数字。十字形的来源也一样，从数字"10"这一符号中派生而来。特别令人惊奇的是，该符号经各种方式改变后产生了类似于西方的一系列十字形：不接触纹章边缘的十字形、端部开叉的十字形、端部被去除的十字形、端部呈T形的十字形、再交叉的十字形等。以至于当圣弗朗索瓦·格扎维埃到日本时，一下子无法解释为什么众多非基督教家庭有着西方的信仰标志……

日本武士的纹章往往具有战争器具标志可供辨认，而宫廷贵族的纹章则多采用花草、植物、昆虫和小动物图案。

16瓣菊花是日本天皇的徽标。天皇家族的徽标则是桐树花，它由3组分别长着5个、7个及5个花蕾的聚伞圆锥花序构成，十分优雅。就像往日法兰西国王将百合花饰赋予他人那样，天皇也让一些大名使用其徽标，以作为他们突出贡献的回报。比如武将足利尊氏因于1333年归顺醍醐天皇，从天皇那里得到了在自己的纹章使用桐树花饰的赏赐。

只要翻开某一日本纹章的图案集（如1953年的《平安纹章的镜子》），便会有浏览令人迷惑的花园的感觉，那里满是各式各样通过精湛的艺术而绘制的花卉、植物。有含苞待放的，有盛开的，有平置、侧置或倒置的，这里是将总状花序盘绕成圆形或螺旋形展开的紫藤，然后是樱花、李树花、牡丹、石竹、龙胆、鸢尾、槲寄生、茶树花囊、柑橘、

德大寺左的纹章

苜蓿、锦葵叶、常春藤叶、竹、丁香、姜、大麻、稻、桑树、雪松、枫树、棕榈树等。

欧洲纹章中相当普遍的狮图案在日本纹章中十分罕见，偶有出现的奇怪外表的狮图案，说明日本人当时对狮子并不熟悉。日本纹章中的马图案总是无拘无束的，既没有鞍子又没有笼头……狗、山羊、鹿、猴、野猪等并不多见。在小动物中，兔子显然是日本纹章的宠儿，有正面状、侧面状、坐状，而且经常看到跑动状的兔子纹章以避开扑向自己的潮水，当有多只兔子时往往是面对面的一对，或等距离向心排列的3只，后面小的则拥抱在一起。鼠、龟、蝙蝠在日本纹章中同样有一席之地。

与欧洲纹章不同，日本纹章中看不到动物的头或肢体被截去的图案。鹿角有从头颅分离的情况，它们被相对安置时，成为"拥抱的鹿角"。

鸟类中有鹤、雁，它们的模样使人想起雌鸨、鸽、雀、雄鸡的模样。昆虫中尤其以蝴蝶、蜻蜓为代表，有展翅、侧身及飞翔等姿势。

我想以海洋生物结束对日本纹章动物图案的罗列，它们有鱼、螯虾、圣雅克贝壳、竖琴螺、缀锦蛤。

充满生机的纹章

在我赴日本的一次旅行中，我发现那里的纹章艺术是如此的兴旺，纹章图案汇编的版本更新非常频繁。那里有以自己的艺术为生的纹章艺术家，并在东京、京都、名古屋、大阪等大城市结成联盟。

在京都的一家专业书店里，我认识了一名职业纹章学家——纹章艺术联合会主席、日本纹章总协会副主席广濑先生。

他所属的行会生产供各种用途的纹章图画，其中值得一提的是纹章图案汇编的编纂，如 1953 年由他负责于京都编辑的《平安纹章的镜子》。不过其活动的很重要一部分是广泛应用于丝、棉织物装饰的花样模板的制作。为取得并掌握必要的技术知识，纹章艺术工作者往往需要五六年的学习。花样模板由涂有白苏油及青柿垢的特殊纸品制作，用雕刻刀切割，艺术家既要有耐心，又需具有精湛的手上功夫。

这样，在政治、经济、科技领域高速发展的同时，日本的纹章艺术持续繁荣，并且不断适应时代的条件。

20 世纪初，H.G. 斯特劳尔在其杰出的研究成果《日本纹章》的序言中曾指出，日本只有个人纹章，城市或行会团体的纹章并不存在。以前确实如此。后来，这一空白被填补。《平安纹章的镜子》中已经引述了 149 个城市的纹章，它们的形态十分现代，抽象的气息使得为数不多的鲜花图样黯然失色。只有令人回想起代表镰仓源氏征夷大将军职务的龙胆花才保持着昔日的鲜艳，蝴蝶、雀、雁、鹤等图案的光辉已经消退，洲本市的纹章为沙滩图案，而滨松市则为圆形水柱上部闪烁的古老星星。古老的兔子图案已不复存在，相反，具有五六个尖角的西方星饰则随处可见。几何图案独占鳌头，所有新的符号均与之相关。首都东京的徽标为装饰着 6 个齿状的圆形，京都市（以寺庙、宫殿、花园著称）的徽标为叠有 3 个尖状、3 个齿状的圆环。这似乎是组成其名字的表意符号的巧妙混合。

上面所说的图案汇编未收录行会团体的纹章，但类似纹章并不少见，人们从会员们背上的图案便可看到，如小商贩协会的 3 个箭头。此外，这一类型中又增加了新的门类，即商人的纹章。尽管它们实质上为商标而非纹章，但却在 1958 年东京出版的《纹章典范》中占一席之地，被排在大家族纹章和城市纹章之后。大商场、旅馆、欧洲商号代表处等的纹章均被列在上面，人们还可惊奇地看到聆听主人之言的狗的图案也被自豪地列入纹章中。

当然，这只不过是广告宣传页面，但并不有损于纹章艺术，相反恰恰能说明它的公众接受程度。"日本纹章"这一可追根至中世纪的老树保存着无穷的生命力，其枝条保持常绿，在环绕其周围的桐树花的阴影下，从树干中长出新的嫩枝。

勒内·勒朱日·德塞格雷
《日本纹章学》
"象征标志、图腾、纹章展览会"目录
吉美博物馆，1964 年

符号的语言

　　不同社会是否存在一种共同的符号语言呢？可能没有。但是，那些以识别个人或团体的身份及其在整个社会中的作用为角色的符号却到处存在。曾在 1964 年应邀为"象征标志、图腾、纹章展览会"目录作序的皮埃尔·弗朗卡斯泰尔强调了这样一个事实，即符号能对第一眼"说话"，而且总比"说"的功能讲得更多。

　　人们在浏览展览时，很快会觉察到两件事：第一，如果没有那些对每组事物的说明，观众就不可能重新组织起可赋予识别符号一个固定、确切意思的代码。然而，十分明显的是，在不知道可以将隐藏在这些符号、体系内的价值转化为合理语言的任何因素的情况下，我们从第一眼便能领会到它们都具有表

苏丹的武士奴巴（上图）及他的盾牌（右页图）

达意义，并且在这点上可以与我们通过识别某些标记即刻从物品中确立价值范围的个人经验相融合，进而（最常见的是，一旦我们的调查得到文献的佐证时）显示出它们确实是具有表达意义的线条。人类学家为我们理解这一观点的意义提供了帮助。

　　列维－斯特劳斯尤其将我们的注意力吸引到这样一个事实，即原始人拥有令我们吃惊的通过标记判断的能力，而这些标记并未进入我们现今分析性的、建立在言语逻辑之上的语言系统。原始人能即刻、总体并且直观地观察到一些整体并可以很好地辨别其中的组成部分。在猎人和猎狗群体中，他们知道丢失了哪一名成员。在一个得到更好演变的阶段，这种直到如今为我们的形式逻辑所忽略的形象性的总体、即刻觉察能力依然存在。现代人被迫做出同样的信息方面的努力来解释原始人的识别标记，以及（例如）书本材料比现代社会少得多的文艺复兴时代所热衷的象征标志和寓

意画的众多素材，只要看到这点便足以说明问题。

人们刚刚开始意识到（与很多的其他事物一起），纯粹以书本为文明的时代已成过去。与数学一样，语文学自4个世纪以来曾是知识进步的工具。为此，人类并不变得更加抽象，而是更加仅仅依赖可通过文字书写或数学符号而传递的某些思维方式，结果是求助于形象表达与高级认知形式之间的区别更加明确。毫无疑问，我们已经进入了一个发挥新的视觉应用可能性的时代（被称为"抽象"的艺术尝试可作为证明）。人们不该忘记，作为大脑一个部分的眼睛，能使各种感觉（自它变得有意识之时起）理智化，在帮助我们发现数千年来识别符号从未停止过的、在稳定社会秩序方面的重要作用的同时，对于所有想知道那些从历史延续至今的不同的形象范畴的力量（很少有人描述）的人而言，本展览会不失为一个极佳的思考题材。只要参观者努力从形象符号本身的整体角度进行理解（而并非仅仅因为它们是文字说明或事先以语言阐述的知识关系的评论），他将发现怀着好奇心看完展览、思考其视觉（不含任何修饰）给予自己的感知方式的又一个理由。任何形象符号体系建立在我们眼睛的直接感觉及我们的思想之上……色彩是视觉的根本要素之一，色彩的运用可直接确定感知的价值（其本身与那些以线条或平面为支撑的价值有着相同的象征意义）。色彩可从

根本上提供空间深度（即运动），如同线条可造成分割一样。任何不以单一的方式（500年以来实属罕见）使用书写语言这一媒介的文化，均赋予色彩数量众多的价值。不过，与我们现代相比，以往人类所具有的色彩之间的识别能力要有限得多。这或许是发达社会有关色彩的语言从属于线条或更为抽象的符号的语言的原因。然而，本次展览会促使我们研究这样一个问题，即形象符号技术显然十分简陋的原始社会如何造就表达能力上的多样性。

皮埃尔·弗朗卡斯泰尔
《识别符号》
"象征标志、图腾、纹章展览会"目录
吉美博物馆，1964年

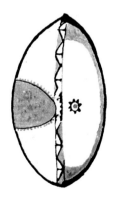

识别无名纹章

对物品、建筑物或艺术品上遇到的无名纹章进行识别，通常是为这些物品或建筑确定某种"身份"所必需，然而，这并不是一项容易的工作。其原因多种多样，最主要的原因在于：目前可支配的纹章汇编与工具的不足，以及几个世纪以来留传至今的纹章数量繁多。

从整个西欧来看，共约有100万枚源自中世纪的纹章，而出自16世纪至19世纪的纹章则有1000万至1200万枚。没有一部著作、一部纹章汇编或一个数据库可以或者经过一定时间能统计、分类及管理如此大量的数据。

因此，我们的工作应立足于较小的范围，如某一地区、某一时代、某个机构、某个社会职业领域的纹章。这样，很多汇编收集了数百枚甚至数千枚较为一致的纹章。它们对于辨认某个特定持有人（个人、家族、法人）的纹章十分有用，但对于识别彩绘玻璃、挂毯、绘画、精装书或银质餐具上的纹章主人却起不了多大的作用。实际上，多数汇编是按持有者姓名编排纹章的方式，而不是按纹章形态编排持有者姓名的方式来设计的，很少具有按系统方式分类、可查证持有者姓名的真正的纹章图案表。因此，识别无名纹章往往是一项

14 世纪的奥地利小盒子

艰难、耗时、全凭经验而有时却徒劳无获的工作。成功与否主要因时间、空间以及社会阶层的变化而变化。

目前，依靠我们掌握的研究工具及数据库，通常中世纪纹章比近代纹章（其中 18、19 世纪问题最多）容易识别、北欧纹章比南欧纹章容易识别、贵族纹章比平民纹章容易识别、自然人纹章比法人纹章容易识别。相比较而言，一些国家或地区（丹麦、苏格兰、卢森堡、瑞士）拥有设计较好、更为有效并完整的纹章汇编。相反，其他国家则缺少研究工具，存在无法解答的识别问题，如西班牙和（尤其是）意大利。所有欧美博物馆收藏着含有意大利无名纹章的物品和艺术品，通过某个日期、地区、特征等线索或许能进行识别。

法国的情况与欧洲极为相似，北部比南部拥有更多的图案汇编和纹章汇集。要识别 18 世纪朗格多克、加斯科涅或普罗旺斯的纹章往往以失败而告终，相反，寻求 16 世纪诺曼底、布列塔尼或佛兰德的纹章的主人则较为容易（当然，一无所获的情况同样可能发生）。根据一般规则，含有多个图案或某个稀有图案的纹章，比过于简单的纹章容易识别（例如，白底红色狮形图案的盾形纹章就无法识别）。然而，那些图案过多以及纵横四等分的纹章又有索引编制和识别的复杂困难。研究人员应该持续地求助于自己的"嗅觉"及其经验（不仅在于现存的汇编方面，也在于纹章习惯的极端灵

活性及运用纹章规则有时所表现的自由度方面）。只有习惯才能使研究人员感觉纹章信息，从次要信息中分辨出重要或有意义的信息。相反，外行则很难做到这一点，而且还会被那些由纹章惯用者设计并使用的玄奥工具所困扰。

电脑的应用将来或许可以解决其中的不少困难。但是，使"嗅觉"（对于任何研究工作均不可缺少）进入某一软件或信息程序并不可能。此外，直到现在，那些借助电脑处理纹章数据的项目因期望值过高（如希望管理数量过多的纹章，期待电脑以绝对的精确度识别这枚或那枚无名纹章）而均以失败告终。目前，纹章学家和信息人员降低了要求，他们用较小的数据库工作，并且不再希望电脑进行精确的识别，而只从事简单的筛选，最后研究则运用传统的方式以"手工"进行。此种方式显得更为有效。

米歇尔·帕斯图罗

制作纹章的一些建议

与固有的想法不同，纹章权并不是某个社会阶级或阶层特有的权利，它属于所有的人。人人可以按照自己的选择拥有纹章，并以自己合适的方式使用纹章，唯一的限制是不得盗用他人的纹章。这是中世纪已实行的原则，也是目前继续执行的原则。

在法国，自第二帝国时期起，纹章不再具有官方地位，也不存在纹章的立法。但是，自第二次世界大战以来，法庭一直承认纹章对于持有者而言是一种私有权，尽管持有者以自发方式采纳某种纹章。1950 年 12 月 20 日巴黎上诉法院的一项判决（多次被引用）明确指出，"纹章受到与姓氏同样的保护"，并且 "对姓氏争议具有管辖权的法院，同样具有对可能产生的有关纹章的争议的管辖权 "。

类似争议通常因两人或两个家庭使用相同的纹章而产生。其中可能涉及恶意的盗用，但通常偶然相似的情况居多。这是因为，那种记录在法国使用并或多或少应得到保护的所有纹章图案总汇编或中心库（如英格兰、苏格兰或荷兰所存在的那样）并不存在。纹章的自由选用原则、纹章并非由固定笔法绘制（一种相同的纹章可通过上千种不同方式表示，并且始终是同一种纹章）的事实使得类似的登记失去效力，尽管一

些并不严谨的私人机构企图这样做（并叫人向自己支付报酬）。

选用纹章时须避免使用他人的纹章，但是这一点实际上无法事先核实。因此，只要遵循善意规则就行了，更何况纹章艺术为纹章创作提供的可能性并无止境。

为此，须掌握的唯一真正的规则就是纹章术的规则。采用纹章却违反这些规则将显得十分荒谬，设计更加灵活、限制较少的标识时亦应如此。色彩和图案的选择同样需要良好的品位。应避免使用色彩冗杂、图案过多而类似于小型绘画的纹章，因为这有悖于纹章艺术（纵横四等分纹章属特殊情况），给使用者留下不好的印象。再者，这种包含着5枚、6枚、10枚、12枚甚至更多不同图案的纹章，往往难以通过纹章艺术加以表达或呈现在小型的载体（如信纸）上。

可惜的是，这些常识性的传统原则被很多城市所遗忘，它们采用了图案过多的纹章。这些纹章对于城市及纹章艺术却是一种不好的宣传。在创制城市纹章时应该有所取舍，不可能将城市的一切（如过去、现在、将来、省份、地理位置、经济活动、城市古迹、河流、自然珍品、传说及英雄事迹等）都囊括在这么一个简单的盾形框架中，应该做出选择。最佳的答案（因为它最能反映纹章艺术精神及最古老的传统）是姓氏标志图案。某些省份设有省级纹章艺术委员会（通常隶属档案服务机关），它可以扮演向希望拥有纹章的地方集体提供建议的有用角色。从国家层面看，设在国家档案馆（巴黎第三区弗朗克－布居瓦街60号）内的国家纹章艺术委员会可以提供相同的服务，尤其对于那些尚未设有省级纹章艺术委员会的省份。不过，该委员会既不登记也不保护，更不出售任何纹章，其唯一的作用是提供建议（这使它更富有成效）。

城市及地方集体的情况同样适用于个人，即选择纹章时应优先考虑简洁性及良好的品位。通常，1个至2个图案、2种至3种色彩就足够了。图案的绘制应具风格、有创意，色彩纯真鲜明（避免用金色、银色表达黄色与白色）。不应在盾形的上方设置冠饰或布边饰，它们无任何意义，只能无谓地使纹章的结构显得冗杂。设计纹章是既严格、有教益，又趣味无穷的工作。应遵守纹章术的规则，做到创新与传统的结合，以简洁性与优雅性为向导，同时将乐趣与愉悦贯穿始终。

米歇尔·帕斯图罗

名词解释

纹章术的法语表达起初与法国文学作品语言相同，后来渐渐与后者相脱离。今天，外行很难理解纹章的术语。然而，与人们一般的想法不同的是，这种语言并不神秘，也不是不可理解。只需数小时即可学习百来个语词和一些基本的规则，凭借这些词汇可以描述 80% 以上的纹章。

accompagné　在主要图案和次要图案之间的分隔条形。

accorné　动物图案中与肢体颜色不同的角部颜色。

白底红色分隔斜条（accompagné），主、次图案共有 6 个端部呈十字的蓝色小十字（recroisetté）

adossé　背靠背的两个相同图案（通常为动物）。

affronté　面对面的两个相同图案（通常为动物）。

aiglette　数量为两个以上的鹰。

alérion　无喙或爪的小鹰。

alésé　与纹章的边缘不相接触的横条纹。

ancré　端部呈锚状（倒钩形）的一切几何形图案。

anille　由开口向外的两个 C 形叠合（有时通过横条相连）组成的端部呈开叉形或倒钩形图案。

armé　1. 动物图案中与肢体颜色不同的爪部颜色；2. 持有武器或佩戴盔甲的人或人的肢体（手臂、右手等）图案。

armorial　纹章、徽章的集合，有规则的涂色与标志。

azur　蓝色。

bande　自左上角到右下角的斜条（按：本解释中所使用的左、右方位词，指观

蓝底金色斜条（bande），左上部缀有（chargé）黑色环形图案

察者正对纹章而言，如果观察者位于纹章的后面，则上述方位词应该反过来）。

白底黑色斜条（bande）

bandé 自左上角到右下角宽度相等的、两种色彩相互交错的偶数斜条。

自左上角到右下角黑、白交替的斜条（bandé）

bar 鱼形图案。

barre 自右上角到左下角的斜条。

barré 自右上角到左下角宽度相等的、两种色彩相互交错的偶数斜条。

basilic 龙身鸡头的怪兽图案。

bâton 自左上角到右下角的斜条，比bande细，有时其两端与纹章边缘不接触。

becqué 鸟类图案中与肢体颜色不同的喙部颜色。

besant 金色或银色的圆形图案。

besanté 缀有金色或银色圆形图案的纹章。

bicéphale 有两个头的动物，主要指鹰。

billette 竖置的小长方形图案。

缀有红色小长方形（billette）的金色纹章

billetté 缀有小长方形图案的纹章，通常所缀小长方形图案的数量不少于10个。

blasonné 用纹章术语描述的纹章结构。

blasonnement 用纹章术语描述纹章。

bordure 沿纹章边缘的等宽饰条。

黑色缘饰（bordure）的纹章

bretessé 方形齿状（类似城墙垛口）的横向或斜向条形。

brisure   非直系继承者对自己家族纹章进行改变以示区别。

brochant   在纹章中，某一图形叠压在一个或数个其他图形之上并将它们部分覆盖。

红色斜条叠压（brochant）于蓝、白色相间纵条上

burelle   5 个以上的细横条。

burelé   纹章被横向均分为两种颜色相错的偶数等分（一般至少为十等分）。

金、绿色相错的横向偶数等分（burelé）

canton   纹章左上角的方形小区，其面积一般占整个纹章面积的 1/9 或 1/4。

cantonné   十字状或 X 状分隔条形，由分隔形成的每个小区都缀有其他图案。

金色底子上的黑色十字形（cantonné），每个小区各缀有一个蓝色小十字图案 (croisette)

chapé   人字形条纹所划定的部分。

chargé   在几何图形上所缀的图案。

白底上的黑色人字形条纹，条纹上（chapé）缀有（chargé）3 个金色新月形图案

chef   盾形纹章的上部（通常由横线界定）。

上部（chef）为黑色的白底纹章

chevron 人字形条纹，其位置有正置（开口部向下）、倒置、横置、斜置之分。

金色横条（fasce），绿底上缀有两条白色人字形条纹 (chevron)

chevronné 被颜色相错的偶数条等宽，有人字形条纹的纹章。

cimier 纹章上部尖顶头盔之上的象征性图案，亦称"饰章"。

cœur 1. 心形或横置的新月形图案；2. 盾形纹章的中心部位。

componé 纹章的几何条形或边缘条纹上的两色相错装饰。

蓝底上的白色 X 形，其中心缀有（chargé）红色新月形图案（cœur）

contourné 1. 头朝纹章右侧的侧身动物图案；2. 开口部朝向纹章右侧的人字形和新月形。

contre – écartelé 对纹章纵横四等分后的一部分再进行纵横四等分。

cotice 自左上角到右下角的斜条（数量为一条以上）。

couleur 纯色，纹章中红、黑、蓝、绿、紫色的统称 [金黄色、银白色则称为 métaux（金属色）]，参见 "email"。

coupé 1. 横向二等分的纹章；2. 被截去一部分肢体的动物图案。

黑、白色横向二等分的纹章（coupé）

couronné 戴冠饰的动物图案。

蓝、白色相间横向偶数等分（burelé），上缀戴金色冠饰的红色狮子图案（couronné）

crénelé 方形齿状（类似城墙垛口）图案。

croisette 不接触纹章边缘的小十字形图案。

金色底，上缀 3 个蓝色贝壳图案

金色底，黑色十字形

denché 大锯齿形分隔线。

红、白色左右等分，横向大锯齿线（denché），左上角缀有黑色星形图案

dentelé 小锯齿形分隔线。

dextre 盾形纹章的左半部分。

ecartelé 纹章被纵横直线或交叉线（X形）四等分。

金、黑色相错的纵横四等分纹章，在左上、右下部分饰有白色圆齿纹十字形（engrelé），在右上、左下部分缀有端部呈锚状的红色十字形图案（ancré）

金、黑色相错的 X 形四等分纹章

echiqueté 纵横分割、颜色交错的棋盘形图案。

écu 表面为盾形的纹章，在不同时期和不同地区其形状各有不同。

écusson 纹章上的盾形小图案。

email 纹章所有色彩的总称，分为

métaux（金属色，指金黄色、银白色）和 couleur（纯色，指红、黑、蓝、绿、紫）。

engrelé 边缘为圆齿纹（弧形向内）的几何图形。

金、黑色交错的棋盘形图案

白色小圆齿形缘饰，中间为背靠背的鱼形图案（adossé），蓝底上缀有端部呈十字的金色小十字（recroisetté）

enquerre（armes à） 出于某种特殊原因不遵守构成规则（通常在颜色方面）并通过这种方式给予某种暗示的纹章。

fasce 各种形状的横条纹。

fascé 被若干条横条纹分割的纹章，但当分割后形成的部分（亦即横条的数量）超过 10 个时则称为 burelé。

fermail 带扣形图案。

在白底上的两条黑色横条

被黑色横条分割的白色纹章

fleurdelisé 端部呈百合花形的所有几何形（主要是十字形）图案。

fleuronné 端部呈花叶饰或花卉形的几何形图案。

fourrures 上缀特殊斑点（斑点形状参见本页右下图），类似毛皮纹的图案。

缀有 3 个红色带扣图案的金底纹章

缀有端部呈花卉形的黑色十字形的金底纹章

缀有叉尾状金色狮子图案的黑底纹章

franc-canton　盾形纹章左上角的方形图案。

franc-quartier　盾形纹章右上角的方形图案。

金、蓝色交错的棋盘形（echiqueté）纹章，左上角（franc-canton）为红色狮子图案

fretté　带形交织图案。

白底的黑色带形交织图案（fretté）

gironné　位于纹章中心的米字形分割线，一般将纹章分为两色相错的 6 份或 8 份。

griffon　上部为鹰、下部为狮子的怪兽图案。

gueules　红色。

黑、白色交错的米字形分割线（gironné）

hermine　白底上缀有特殊黑色斑点，类似毛皮纹的图案。

huchet　小号角图案。

issant　半个身子被纹章中的某个部分或其他图案完全遮蔽了的动物图案。

lambel　缀有一定数量长方形（中世纪时）或梯形（现代）的横条图案，一般译为"齿耙形"。

类似毛皮纹的白底黑斑图案（hermine），上缀红色弩机图案

蓝底上缀有白色系带的金色小号角图案（huchet）

金底上蓝色带形交织图案（fretté）上缀有红色齿耙形图案（lambel），所附的 3 个长方形上有白色狮形图案

lambrequins 类似激战中被撕裂的斗篷边缘的图案，亦译为"布边形"。

lampassé 兽类图案中与肢体颜色不同的舌部颜色。

蓝底上有两条白色人字形条纹（chevron），左上角（franc-canton）为金色，上缀头朝正面的行走状红色狮形图案

losangé 由若干条对角线组成的颜色相错的相等菱形图案。

金、黑色相错的菱形图案（losangé）

macle 中间挖空的菱形图案。

merlette 无爪（其实爪部被羽毛所遮蔽，并非真的无爪）的小鸟图案（自15 世纪起）。

meuble 指纹章上的所有图案，但它并没有界定这些具体图案所处的位置。

白底上缀有中间挖空的黑色菱形图案
（macle）

白底蓝色分隔横条（accompagné），主、次
图案共有 6 个无爪红色小鸟（merlette）

mi - parti 纵向各取一半组成的组合
纹章。

molette 星形小图案，数量一般为 6
个（有时为 5 个或 8 个）。

mont 山形图案。

moucheture 白底黑斑之外的、缀有
特殊斑点类似毛皮纹的图案（白底黑斑
的同样图案称"hermine"）。

naissant 似乎是从某个图案中钻出来
的半身动物图案（与"issant"所指的被
遮蔽掉一半的动物图案有所不同）。

naturel（au） 不用纹章惯用颜色而以

自然色彩表现的图案。

ondé 边缘线呈波浪形的条纹。

在黑底上的白色波浪形条纹（ondé）

or 黄色或金色。

orle 与纹章的边缘不相接触的缘饰（与
"bordure"所指的缘饰有所不同）。

金、蓝色相错的横向偶数等分（burelé），缘
饰（orle）为红色无爪小鸟图案

pairle 由纹章底部向上部两角延伸的 Y
形条纹。

pal 位于纹章中间的垂直纵条纹。

palé 纹章被纵向均分为两种颜色相错
的偶数等分。

parti 纵向二等分的纹章或图案。

partitions 纹章被交叉的直线分割成大
小相等而颜色相错的偶数几何图形。

在白底上的黑色 Y 形条纹

在金底上的黑色垂直条纹（pal）

金、蓝色相错的纵向偶数等分（palé），红色斜条叠压（brochant）其上,斜条上缀有（chargé）两只白色小鹰和一个冠饰

纵向二等分纹章（parti），左半为红底，上缀戴金色冠饰的白色狮子图案（couronné）；右半为白底，绿色缘饰（orle）

纵向二等分纹章（parti），左半为蓝底金色斜条（bande），斜条上缀有 3 个黑色五叶形花饰（quintefeuille）；右半为白底，上有两条红色横条（fasce）

缘朝向纹章的左侧。

pointe　1. 盾形纹章的下部；2. 倒三角形条纹，其朝向亦可呈横向或斜向。

potencé　1.T 形图案；2. 形状为空心 T 形的线条。

pourpre　15 世纪以前指灰棕色，此后指紫色。

quintefeuille　五叶形花饰。

rampant　指纹章上所缀的后脚直立的兽类动物图案。

recroisetté　端部呈小十字的十字形图案。

passant　行走姿势的兽类图案。

patté　末端粗大的十字形或 X 形图案。

pièces　纹章被交叉的直线分割成大小相等而颜色相错的奇数几何图形。

plain　单色无图案的纹章。

ployé　曲折形的图案，一般曲折的外

黑底，上缀 3 个白色棋子图案

---

sable 黑色。

白色横条（fasce），蓝底上缀有（semé）若干个端部呈小十字的金色十字形（recroisetté）

---

sautoir X 形（亦称斜十字）图案。

红底上缀有金色 X 形图案（sautoir），上部（chef）为白色

---

semé 缀有数量不确定的小图案的纹

章或图案。

senestre 盾形纹章的右半部分。

sinople 14 世纪中叶前指红色，此后指绿色。

supports 围绕、支撑盾形纹章的图案。

sur le tout 叠压仕四等分纹章中心的小纹章。

sur le tout du tout 在四等分纹章中心的小纹章之上叠压的小纹章。

taillé 统称各种形式（纵向、横向、斜向）二等分的盾形纹章。

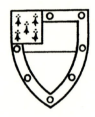

蓝、白色横向二等分（coupé），上缀金色圆形图案的绿色缘饰（bordure），左上角的方形图案（franc-canton）为白底黑斑纹（hermine）

黑、白色斜向（左上至右下）二等分（tranché）

timbré 缀有冠冕图案的纹章。

timbres 缀于盾形纹章上部用以表示

身份的冠冕图案。

tourteau 金、银（白）色之外的圆形图案。

tranché 斜向二等分的盾形纹章。

un en l'autre（de l'） 在具有两种颜色部分之上叠压的图案，其颜色与所叠压部分的颜色相错。

vair 蓝底白色斑纹（其形状与 hermine 不同）的类似毛皮纹的图案。

蓝底白斑类似毛皮纹的图案（vair）

vairé 图案与 vair 相同但颜色配置非蓝、白色的类似毛皮纹图案。

vivré 大锯齿形图案（以横向为主），其锯齿数一般不多于 3 个。

在白底上的横向（fasce）黑色大锯齿形图案（vivré）

vol 背对背端部向上的双翼图案。

参考文献

参考书目

- Henning (E.) et Jochums (G.), *Bibliographie zur Heraldik*, Cologne, 1984.
- London (H. S.), *The Right Road for the Study of Heraldry*, Londres, 1968.
- Saffroy (G. et G.), *Bibliographie généalogique, héraldique et nobiliaire de la France*, Paris,1968-1990. 5 vol.

介绍和手册

- Galbreath (D. L.) et Jéquier (L.), *Manuel du blason*, Lausanne, 1977.
- Hildebrandt (A. M.), *Wappenfibel. Handbuch der Heraldik*, nouvelle édition, Neustadt an der Aisch, 1981.
- Neubecker (O.), *Le Grand Livre de l'héraldique*, Bruxelles, 1977 (édition originale en allemand; plusieurs traductions en anglais, italien, espagnol, etc.).
- Wagner (A. R.), *Heralds and Ancestors*, Londres, 1978.
- Woodcock (T.) et Robinson (J. M.), *The Oxford Guide to Heraldry*, Oxford, 1990.

论文和著作

- Bascapé (G. C.) et Del Piazzo (M.), *Insegne e simboli. Araldica pubblica e privata, medievale e moderna*, Rome, 1983.
- Mathieu (R.), *Le Système héraldique français*, Paris, 1946.
- Menendez Pidal (F.), *Los Emblemas heraldicos*, Madrid, 1993.
- Pastoureau (M.), *Traité d'héraldique*, Paris, 1993.
- Seyler (G.), *Geschichte der Heraldik*, Nuremberg, 1885-1889, 2 vol.
- Woodward (J.) et Burnett (J.), *A Treatise on Heraldry British and Foreign*, Londres, 1892.

纹章规则和条款

- Foras (A. de), *Le Blason. Dictionnaire et remarques*, Grenoble, 1883 (réimpr. Paris, 1993)
- Grandmaison (C. de), *Dictionnaire héraldique*, Montrouge, 1852.
- Inventaire général des monuments et des richesses artistiques de la France, *Les armoiries.Lecture et identification*, Paris, 1994.
- Palliot (P.), *La Vraye et Parfaicte Science des armoiries*, Paris, 1660 (réimpr. 1890 et 1973).
- Parker (J.), *A Glossary of Terms Used in Heraldry*, Londres, 1894.
- Stalins (B.), dir. ,*Vocabulaire-Atlas héraldique en six langues*, Paris, 1952.

中世纪纹章

- Brault (G. J.), Early Blazon. Heraldic *Terminology in the XIIth and the XIIIth Centuries*, Oxford, 1972.
- Pastoureau (M.), *Les Armoiries*, Turnhout et Louvain, 1976.
- Pastoureau (M.), *L'Hermine et le Sinople. Etudes d'héraldique médiévale*, Paris, 1979.
- Pastoureau (M.), *Figures et Couleurs. Etudes sur la symbolique et la sensibilité médiévales*, Paris, 1986.
- Wagner (A. R.), *Heralds and Heraldry in the Middle Ages*, Oxford, 1956.

期刊

- *Archives héraldiques suisses*, Neuchâtel puis Fribourg, depuis 1887.
- *The Coat of Arms*, Londres, depuis 1950.
- *Heraldisk Tidsskrift*, Copenhague, depuis 1959.
- *Der Herold*, Berlin, depuis 1869.
- *Hidalguia*, Madrid, depuis 1952.
- *Revue française d'héraldique et de sigillographie*, Paris, depuis 1938.

图片目录与出处

行业象征标志的统计手稿，1602年。多姆博物馆，奥尔维耶托。

第20—21页 标明西班牙和葡萄牙瓜分世界界线的葡萄牙特谢拉地球平面图，1573年。法国国家图书馆，巴黎。

第22—23页 国王关于清查纹章并汇编"纹章图案总汇"的敕令，1696年。国家档案馆，巴黎。

第22页下 饰有雅克－奥古斯特·德·图的纹章的精装书，约1580年。印刷品馆，法国国家图书馆，巴黎。

第23页左 巴黎一些职业团体的纹章，1696年"纹章图案总汇"。法国国家图书馆，巴黎。

第24页下 蒙莫朗西镇的马蒂厄，卡米纳德石印图，约1820年。法国国家图书馆，巴黎。

第25页下 路政督察夏尤就小场新路发现未销毁纹章的报告，1790年12月28日。国家档案馆，巴黎。

第26页 饰有帝国纹章图案的绒面精装本《拿破仑法典》。法国国家图书馆，巴黎。

第26—27页 英国伊丽莎白女王和查尔斯王子访问法国，1957年。

第27页 皇家宗谱纹章院传令官们簇拥之中的英国伊丽莎白女王，约1980年。

第28页 苏联的红场阅兵式，1985年5月9日。

第28页下 非洲加蓬共和国的国旗。

第29页上 苏联的国旗和标志图案。

第29页下 巴黎市标和巴黎纹章图案。卡纳瓦莱博物馆，巴黎。

第二章

第30页 莱布勒敦纹章汇编中的一页，15世纪中叶。国家档案馆，巴黎。

第31页 约翰·奥德利（左图）和他的妻子伊莎贝尔·米勒贝丽（右图）的纹章。皇家宗谱纹章院，伦敦。

第32页上 德国房屋的标志，海因里希·胡斯曼绘制，1973年。

第32页下 绣在马皮上的勃艮第大徽章，在格朗德松战役中为瑞士人所获得，1476年。勃艮第战利品，历史博物馆，伯尔尼。

第33页上 撒哈拉地区图布人作为辨认骆驼的标记。

第33页下 日本的圆形纹章，17世纪。名古屋艺术博物馆，东京。

第34—35页 马纳斯手写本，约1300—1310年。大学图书馆，海德堡。

第35页 17世纪产生的简单的纹章色彩表现法。

第36—37页 希腊、法国、波兰、冰岛、瑞典、芬兰和匈牙利的国旗。

第36页中 美因茨总主教教区的纹章。

第37页上 饰有车轮形图案的纹章。

第37页下 影片《高卢人佩尔索瓦尔》剧照，埃里克·罗梅尔执导，1978年。

第38—39页 海因里希·胡斯曼画的以线条分割的纹章，1973年。

第39页左 沃尔夫拉姆·冯·埃申巴赫，马纳斯手写本，约1300—1310年。大学图书馆，海德堡。

第39页右 捷克斯洛伐克伏诺罗维集体农庄的纹章。

第40页 绘有圣彼得的彩绘玻璃，伯尔尼，16世纪。

第40—41页 阿尔伯格圣克利斯朵夫兄弟会成员、画家雅各布·格林及其夫人的纹章，奥托·胡普绘制，15世纪。

第41页上 某纹章论著中的苍天纹章。阿森纳图书馆，巴黎。

第41页下 英格兰斯托普福德的彼得·道奇家族纹章，16世纪末。皇家宗谱纹章院，伦敦。

第42页 特里尔大主教及其陪臣的纹章，"贝伦维尔纹章图案汇编"，约1830年。法国国家图书馆，巴黎。

第43页 科隆大主教及其陪臣的纹章，同上。

第44页 美茵茨大主教及其陪臣的纹章，同上。

第71页下　纹章色彩使用频率对照图表，米歇尔·帕斯图罗绘制。

第72页　女骑士之后潘泰齐莱，金羊毛勋章马术纹章图案小集，约1435年至1440年。法国国家图书馆，巴黎。

第73页上　恶魔纹章，英语版《启示录》，13世纪后半叶。博德利图书馆，牛津。

第73页下　康斯坦茨湖地区康拉德·格鲁嫩贝格纹章图案汇编，1483年。巴伐利亚国家图书馆，慕尼黑。

第74页左　海因里希·冯·费尔德克《埃涅阿斯纪》中的一页，手抄本，12世纪末。柏林国家图书馆。

第74—75页　15世纪末失传的一本纹章汇编中关于上帝的纹章图案，奥托·胡普绘制。巴伐利亚国家图书馆，慕尼黑。

第75页　纽伦堡挂毯上的"贞洁"纹章，15世纪。日耳曼国家博物馆，纽伦堡。

第76页　兰斯洛特的纹章，散文诗《兰斯洛特》的着色手抄本（ms.3479—3480），约1400年。阿森纳图书馆，巴黎。

第77页　亚瑟王，为贝里公爵织的九骑士挂毯，约1390年至1400年。纽约隐修院博物馆。

第78页　摄影照片，自上而下、自左至右依次为：皇家宗谱纹章院，刀剪业行会的纹章，造纸业行会的纹章，哈若兹商店展示的皇家成员纹章，伦敦旧城的边界线标志，旧的铁路标记（出自《查塔姆群岛与多佛尔》），采用纹章图案的某广告（出自《德文郡纹章》），汉普郡法庭入口处的纹章标记，石膏业行会的纹章。伦敦。

第79页上　蒂佛教堂格林威小教堂南半部分的雕塑，德文郡。

第79页下　查塔姆群岛英国军港入口，肯特郡。

第80—81页　海中灯塔，布列塔尼。

第81页　自由，海运总公司海报，保罗·科兰，约1930年。

第82页上　标致汽车的标志，自左至右依次

为：1858年的标志，标致汽车配套设备的标志，20世纪50年代至60年代的标志（其狮子形象采自弗朗什－孔泰地区的纹章图案）。

第83页　在赛场上的澳大利亚橄榄球运动员尼克·法尔－琼斯。

第84页　亨利五世（肯尼思·布拉纳饰），电影剧照，1989年。

见证与文献

第85页　藏书票，德国艺术家W.H.莱奥纳尔绘制。

第86页　里尔市纹章，12世纪。

第87页　带有斜条纹和百合花图案的法兰西纹章。

第88页　法兰西王子的纹章，出自《纹章》，热罗姆·巴拉，里昂，1581年。

第91页　同一地区鹰图案与狮子图案的纹章占动物图案纹章总数的比例图，米歇尔·帕斯图罗绘制。

第92页　蒙田的纹章。阿森纳图书馆，巴黎。

第93页上　鲁邦普雷家族的想象纹章，《习俗研究纹章汇编》，费迪南·德·格拉蒙为赠巴尔扎克所做，1839年6月。

第93页左　拉斯蒂尼亚克家族的想象纹章，同上。

第94—95页　向纹章传令官出示纹章，《勒内国王的骑士比武之书》，约1460年。

第96页　巴黎市纹章，1792年2月3日。巴黎国家档案馆。

第97页上　一些公民要求摧毁塞尔旅店纹章的请愿信，1792年10月3日。同上。

第97页下　诺阿耶元帅解释未能及时清除其巴黎府第纹章的信函，1790年9月。同上。

第99页　织田信长的纹章，《日本纹章汇编》。

第100页　德大寺东的纹章，《日本纹章汇编》。

第102—103页　苏丹的武士奴巴及其盾牌。

第104页　奥地利小盒子，14世纪初。

第106页　纹章图案的缩微胶卷馆，巴黎国家档案馆。

第 123 页　绘有纹章的雕刻，15 世纪。

第 126 页　绘有纹章的墓碑，15 世纪末。蒂罗尔，奥地利。

第 127 页下　大力士赫拉克勒斯支撑着美第奇家族的纹章。

第 128 页右下　纪尧姆·德·勒韦尔纹章汇编中的一幅画，法国国家图书馆。

图片授权

（页码为原版书页码）

A. F. Kersting, Londres 22, 23h, 91h, 91b. Agence Tass, Paris 40-41. AKG, Paris 12, 46, 51g, 60, 61, 79b. Archives Gallimard 41b, 45h, 47, 51d, 64h, 64-65, 66h, 73, 76, 88-89, 100. Archives nationales de Bavière, Munich 86-87. Archives nationales, Paris 20hd, 20m, 20b, 21b, 42. Automobiles Peugeot, Paris 94b. Bibliothèque nationale de Bavière, Munich 63b, 68g, 68d, 85b. Bibliothèque nationale de France, Paris couverture, premier plat, dos, 1, 2, 3, 4, 5, 6, 7, 8, 9, 11, 16, 17, 26-27, 28-29, 30b, 32-33, 34b, 35, 38g, 53h, 54, 55, 56, 57, 71h, 77, 79h, 84, 88, 104, 105b, 105h, 106, 107, 139, 140, 141, 142. Bibliothèque nationale, Berlin 86. Bodleian Library, Oxford 14, 15, 75, 85h. British Library, Londres 25h, 58h, 70-71. Christophe. L, Paris 49b, 96. CNRS/IRHT 66b, 67. Collection particulière 21h, 24bg, 24bd, 52-53, 62, 63h, 82d, 97, 98, 99, 111, 112, 116, 135. College of Arms, Londres couverture, quatrième plat, 43, 53b, 58-59, 65, 72. Compagnie générale maritime, Le Havre 93. D R 44h, 50-51, 52, 80bg, 80hg, 83, 114, 115, 118. Gallimard/Sacqueper 92-93. Gallimard/Suzanne Bosman couverture, quatrième plat, 90hg, 90hm, 90hd, 90mg, 90mm, 90md, 90bg, 90bm, 90bd, 90bd.Liechfield studios, Londres 39b. Metropolitan Museum of Art, New York 30m. Musée de l'Armée, Vienne 69. Musée de la Tapisserie de Bayeux, Centre Guillaume le conquérant, Bayeux 19g, 19d. Musée historique, Bâle 13. Musée historique, Berne 44b. Musée national suisse, Zurich 24h, 81, 82g. Musée national, Nuremberg 87. Musée

原版出版信息

DÉCOUVERTES GALLIMARD
COLLECTION CONCUE PAR Pierre Marchand.
DIRECTION Elisabeth de Farcy.
COORDINATION ÉDITORIALE Anne Lemaire.
GRAPHISME Alain Gouessant.
COORDINATION ICONOGRAPHIQUE Isabelle
de Latour.
SUIVI DE PRODUCTION Natércia Pauty.
SUIVI DE PARTENARIAT Madeleine Giai-Levra.
RESPONSABLE COMMUNICATION ET
PRESSE Valérie Tolstoï.
PRESSE David Ducreux.

FIGURES DE L'HÉRALDIQUE
ÉDITION Jeanne Hély.
ICONOGRAPHIE Suzane Bosman et Jeanne
Hély.
MAQUETTE Vincent Lever (Corpus), Dominique
Guillaumin (Témoignages et Documents).
LECTURE-CORRECTION Pierre Grant et
Jocelyne Marziou.
PHOTOGRAVURE Lithonova (Corpus), Arc-en-
Ciel (Témoignages et Documents).

 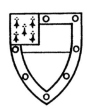 

图书在版编目（CIP）数据

纹章的秘密 / （法）米歇尔·帕斯图罗
（Michel Pastoureau）著；谢军瑞译 . — 北京：北京
出版社，2024.6
　　ISBN 978-7-200-16106-9

Ⅰ . ① 纹… Ⅱ . ① 米… ② 谢… Ⅲ . ① 纹章学－研究
－西方国家 Ⅳ . ① K853

中国版本图书馆 CIP 数据核字（2021）第 008966 号

策 划 人：王忠波　向 霶　　责任编辑：白 云　王忠波
责任营销：猫 娘　　　　　　责任印制：陈冬梅
装帧设计：吉 辰

纹章的秘密
WENZHANG DE MIMI

[法] 米歇尔·帕斯图罗　著　谢军瑞　译　曹德明　校

出　　　版：北京出版集团
　　　　　　北 京 出 版 社
地　　　址：北京北三环中路 6 号　　邮编：100120
总 发 行：北京伦洋图书出版有限公司
印　　　刷：北京华联印刷有限公司
经　　　销：新华书店
开　　　本：880 毫米 ×1230 毫米　1/32
印　　　张：4.75
字　　　数：130 千字
版　　　次：2024 年 6 月第 1 版
印　　　次：2024 年 6 月第 1 次印刷
书　　　号：ISBN 978-7-200-16106-9
定　　　价：68.00 元

如有印装质量问题，由本社负责调换
质量监督电话：010-58572393

著作权合同登记号：图字 01-2023-4213